Marie-Theres Wacker

Ester

Jüdin
Königin
Retterin

Inhaltsverzeichnis

Vorwort — 5

I. Grundwissen zum biblischen Esterbuch — 6
1. Zwei biblische Ester-Bücher — 6
2. Das Esterbuch in Judentum und Christentum — 8
3. Das Esterbuch als Erzählung — 9
4. Aufbau des Esterbuches und die Figuren auf der Bühne — 12

II. Das Private ist politisch und das Politische privat (Kap. 1-3) — 15
1. Glanz und Abgrund persischer Macht (Kap. 1) — 15
2. Jüdische Menschen im persischen Reich (Kap. 2) — 18
3. Ein tödlicher Konflikt bricht aus (Kap. 3) — 23

III. Ester nimmt den Kampf auf (Kap. 4-7) — 28
1. Ester entscheidet sich (Kap. 4) — 28
2. Ester tritt vor den König (Kap. 5,1-8) — 30
3. Seresch, eine schlechte Ratgeberin (Kap. 5,9-6,10) — 32
4. Ester entlarvt Haman (Kap. 7) — 33

IV. Der dreifache Schluss des Esterbuches (Kap. 8-10) — 34
1. Ester bewirkt mit Mordechai die Rettung des jüdischen Volkes (Kap. 8) — 34
2. Kap. 8 und 9 in kritischem Dialog – ein Lesevorschlag — 36
3. Zwei Tage des Kampfes (Kap. 9,1-19) — 37
4. Purim (Kap. 9,20-32) — 40
5. Rückkehr in den Alltag (Kap. 10,1-3) — 42

V. Das Esterbuch – ein gott-loses Buch? — 45
1. Spuren von Gottes Gegenwart im Esterbuch — 45
2. Von Gott sprechen nach der Shoah — 47

Inhaltsverzeichnis

VI. Das septuagintagriechische Esterbuch — 48

1. Wie verändern die sechs Zusätze die Ester-Geschichte? — 48
2. Was verändert sich durch die vielen kleinen Umakzentuierungen? — 50

VII. Anregungen für die Bibelarbeit — 52

1. Annäherungen an die Ester-Geschichte — 52
2. Kleider machen Leute — 56
3. Waschti als Vorbild? — 58
4. Free call in Susa — 60
5. Eine Begegnung mit Ester in Gedichten — 61
6. Ester im Bild — 62

VIII. Materialien — 65

1. Informationen zu Purim — 65
2. Ein Rezept für das Purimfest: Hamantaschen — 67
3. Theaterstücke zum Esterbuch — 68
4. Ester-Filme — 68
5. Ester-Gedichte — 69
6. Ester-Bilder — 72
7. Esters heilige Spiele – Eine Ester-Predigt — 76

IX. Literaturverzeichnis — 83

1. Übersetzungen des Esterbuches — 83
2. Kurzkommentare zum Esterbuch — 83
3. Das Esterbuch – jüdisch, christlich, feministisch gelesen — 83
4. Das Esterbuch in Kunst und Literatur — 84

Vorwort

Das Esterbuch gehört mit dem Buch Rut und dem (griechischen) Buch Judit zu den biblischen Schriften, die den Namen einer Frau als Titel tragen. Es ist sicher kein „leichtes" Buch: auf den ersten Blick eine Geschichte wie aus 1001 Nacht, mit Prunk, Pracht und rauschenden Festen, mit einer klugen Königin, die ihr ganzes Volk rettet, und einem Bösewicht, der sein verdientes Ende findet.
Unter dieser Oberfläche aber geht es um ein ganzes Geflecht von Themen und Problemen. Es geht um Männermacht und Frauenschönheit, um Frauenwiderstand und Entlarvung männlicher Eitelkeiten. Dahinter steht eine Geschlechterpolitik, die nicht nur Frauen, sondern ebenso auch entmannte Männer – Eunuchen – den Interessen einiger weniger mächtiger Männer zu unterwerfen sucht. Mit alledem verbunden geht es um das Leben jüdischer Menschen unter nichtjüdischer Herrschaft sowie um Antisemitismus als Ressentiment bzw. Vorurteil und als staatliches Vernichtungsprogramm. Das Problem wird aufgeworfen, wie solcher Vernichtungsgewalt zu begegnen ist – und wie Frauen darin verwickelt sind. Schließlich geht es auch um die Frage, wo in alledem Gott bleibt. Eine herausfordernde Zeitreise, die zum Nachdenken über die Gegenwart anstößt – bei der aber auch der Humor nicht fehlt!

Die hier vorgelegten Überlegungen zum Esterbuch verdanken sich vielen Anregungen. Nennen möchte ich zuerst meine Kolleginnen Klara Butting und Kristin de Troyer. Klara Butting hat mir mit ihren eigenwilligen Perspektiven auf biblische Texte ungezählte Denkanstöße gegeben, und mit ihrer Interpretation des hebräischen Esterbuches stimme ich in wesentlichen Punkten überein. Mit Kristin de Troyer bin ich über mehrere Jahre in die geheimnisvollen Welten der griechischen Estertradition eingestiegen und habe von ihr gelernt, wie spannend die Wahrnehmung auch von Details der Textüberlieferung sein kann. Danken möchte ich auch den Studierenden an der Universität Münster und den TeilnehmerInnen an diversen Tagungen zum Esterbuch, die sich auf meine Ausführungen eingelassen, Zustimmung oder Kritik geäußert und so dazu beigetragen haben, dass sich meine Gedanken klären konnten. Ein besonderer Dank gilt Hiltrud Geburek für die genaue und einfühlsame Lektüre aus jüdischer Sicht und für anregende Impulse zu kreativen Aneignungen der Estergeschichte. Dank geht schließlich an die Mitarbeiterinnen des Münsteraner Seminars für Theologische Frauenforschung für vielfältige Unterstützung „hinter den Kulissen" und an die RedakteurInnen im Katholischen Bibelwerk für die kritisch-konstruktive Begleitung des Manuskripts!

Münster, im Oktober 2005
Marie-Theres Wacker

I. Grundwissen zum biblischen Esterbuch

1. Zwei biblische Ester-Bücher

Das Esterbuch[1] ist eines derjenigen Bücher der Bibel, an denen sich nicht nur die Religionen des Judentums und Christentums, sondern schon innerchristlich die Konfessionen scheiden.

Verschiedene Fassungen in den christlichen Konfessionen
Wer das Esterbuch etwa in der *Zürcherbibel* nachliest, erhält den Text des Buches in einer recht getreuen Übersetzung aus der hebräischen Bibel geboten. Die Zürcherbibel ist eine Bibel der Reformierten Kirchen, die sich im 16. Jahrhundert dafür entschieden haben, für das christliche Alte Testament auf die Sprache und den Umfang der jüdischen Bibel zurückzugreifen. Leser und Leserinnen der Zürcher Bibel haben also ein Esterbuch vor sich, wie es auch im Judentum Heilige Schrift ist.

Wer dagegen die vollständige *Lutherbibel* zur Hand nimmt, stößt zweimal auf das Esterbuch. Im laufenden Bibeltext steht die Übersetzung des hebräischen Esterbuches, und unter den so genannten „Apokryphen" finden sich die „Zusätze zu Ester". Bei diesen „Zusätzen" handelt es sich um Abschnitte, die in der Septuaginta, der bekanntesten jüdisch-griechischen Bibelübersetzung schon aus vorchristlicher Zeit, dem Esterbuch hinzugefügt worden waren. Es sind insgesamt sechs Stücke: ein neuer Anfang vor Kap. 1 und ein neuer Schluss nach Kap. 10, zwei eingeschobene Gebete in der Mitte des Buches (nach Kap. 4) und zwei Edikte des Königs (in Kap. 3 und Kap. 8). In dieser Form, mitsamt den Zusätzen, war das Esterbuch in die Bibel des Christentums eingegangen. Luther entschied sich, anders als die Reformatoren der Zürcher Bibel, dafür, die Zusätze nicht völlig zu streichen, sondern sie getrennt von der Übersetzung des hebräischen Esterbuches seinen Lesern und Leserinnen weiterhin anzubieten.

Die *katholischen Bibelausgaben* dagegen gehen wieder einen anderen Weg. Wer das Esterbuch heute z.B. in der Einheitsübersetzung oder der Jerusalemer Bibel nachliest, findet die Zusätze jeweils dort eingeordnet, wo sie nach dem Erzählzusammenhang hingehören und wo sie die Septuaginta-Übersetzer auch eingeschoben hatten. Erkennbar sind diese Zusätze in den Bibelausgaben daran, dass die Verse hier mit Buchstaben und nicht mit Zahlen nummeriert sind.

Die griechische Fassung des Esterbuches als Neugestaltung
Das mag sich nun so anhören, als könnte man in der Zürcher Bibel die Übersetzung des hebräischen Esterbuches finden, in der Einheitsübersetzung oder der Jerusalemer Bibel dagegen die des griechischen Esterbuches. So einfach ist die Sache aber nicht: das griechische Esterbuch enthält nämlich nicht nur die sechs Zusätze, sondern wurde auch an vielen anderen Stellen im laufenden Text mit neuen Akzenten versehen. Die griechische Estergeschichte ist keine wortgetreue Übersetzung des hebräischen Esterbuches, sondern eine durchgreifende Neugestaltung. In den katholischen Bibelübersetzungen wird aber der „Kerntext" der Estererzählung nach der hebräischen Fassung geboten, nur die Zusätze folgen dem Septuagintatext.[2]

Das bedeutet: Wer den Wortlaut des hebräischen Esterbuches kennen lernen will, kann dies auch anhand einer katholischen Bibelausgabe erreichen, wenn man nämlich beim Lesen die Zusätze einfach überschlägt. Eine vollständige Übersetzung des griechischen Esterbuches dagegen findet sich bisher nur in einer einzigen deutschen Bibelausgabe, der „Gute Nachricht Bibel". Sie bietet beide Fassungen des Esterbuches, die griechische und die hebräische. Im Herbst 2006 soll die „Bibel in gerechter Sprache" erscheinen, in der ebenfalls das hebräische und das griechische Esterbuch nachzulesen sein werden.

Die im Folgenden vorgelegten Gedanken zu Ester orientieren sich an der Erzählung des hebräischen Esterbuches, werden aber in einem eigenen (kurzen) Abschnitt die wichtigsten Veränderungen, wie sie durch die Zusätze und die anderen Umakzentuierungen in der Septuaginta entstanden sind, charakterisieren.

2. Das Esterbuch in Judentum und Christentum

Weitere Auslegungen der Estergeschichte im Judentum
Die Septuagintafassung ist nicht die einzige griechisch-jüdische Übersetzung des Esterbuches, die auf uns gekommen ist. Daneben existiert eine zweite griechische Version, die sich vom hebräischen wie vom septuagintagriechischen Estertext wiederum deutlich unterscheidet[3]. Zudem ist eine ganze Reihe von jüdischen Nacherzählungen bzw. Auslegungen des Esterbuches aus Antike und Spätantike (1.-8. Jh.) überliefert, wodurch dokumentiert wird, wie beliebt diese biblische Erzählung im Judentum war. Auch für die weitere jüdische Geschichte ist das Esterbuch wichtig geblieben und wurde bis in die Gegenwart immer wieder ausgelegt. Bis heute ist es die synagogale Lesung am Purimfest (dazu vgl. **VIII.1**).

Das Esterbuch im Christentum
Demgegenüber fällt als harter Kontrast auf, das in den ersten 800 Jahren des Christentums das Esterbuch kaum beachtet wurde – Indiz dafür, dass man christlicherseits mit diesem Buch und seiner Geschichte über die Bedrohung und Rettung des jüdischen Volkes zunächst nichts oder nicht viel anzufangen wusste. Das ändert sich ab dem frühen Mittelalter. Königin Ester wird nun zum alttestamentlichen Vorbild Mariens, der persische König zum Abbild Gottes oder Christi. Bis ins 20. Jh. hinein findet sich diese Art der christlichen Auslegung des Esterbuches, nicht zuletzt auch sichtbar in der bildlichen Ausgestaltung katholischer Marienkirchen. Ein besonders prächtiges Beispiel ist die Basilika des Marienwallfahrtsortes Kevelaer am Niederrhein, in der die Darstellung Esters als Fürbitterin vor Achaschweroschs Thron auf Maria als Fürbitterin vor Gottes Thron verweist, und wo Ester, die den Verleumder Haman überführt, Maria als Kämpferin gegen das Böse durchscheinen lässt. In Mittelalter und früher Neuzeit haben führende Königshäuser Westeuropas die Pracht und den Reichtum des persischen Königshofes als Vorabbildung ihrer eigenen gottgewollten Pracht und Macht gesehen und ließen auf Wandteppichen ihrer Paläste Szenen aus dem Esterbuch darstellen.

Das Esterbuch lesen nach der Shoah
Nach der Shoah, als die christlichen Kirchen begannen, sich um ein neues Verhältnis zum Judentum und zum jüdischen Volk zu bemühen, wurde in der protestantischen wie katholischen Bibelwissenschaft bewusst, wie wenig man gerade auch im Blick auf dieses im Judentum so beliebte und wichtige biblische Buch dafür getan hatte, das jüdische Verständnis dieser Schrift kennen und verstehen zu lernen. Entweder hatte man dieses biblische Buch von vornherein für die eigene Blickrichtung vereinnahmt (Beispiel ist die Maria-Ester-Typologie, in der Ester nur durch das „Brennglas" Mariens gesehen wird), oder man las es unter dem Vorzeichen antijüdischer Vorurteile (Beispiel dafür ist Luthers harte Ablehnung des Esterbuches als zu jüdisch). Christliche Bibelwissenschaftler und Bibelwissenschaftlerinnen der Gegenwart bemühen sich darum, die jüdische Tradition der Ester-Auslegung in ihre eigene Arbeit mit einzubeziehen. Dazu gehört es wahrzunehmen, dass seit der Shoah mit ihrem millionenfachen Mord an jüdischen Menschen die Estergeschichte neue Dimensionen erhalten hat: was in diesem biblischen Buch in erzählerischer Form bearbeitet wird, ist im Europa des 20. Jh.s grauenhafte Wirklichkeit geworden. Jüdische und christliche AuslegerInnen können das Esterbuch heute nicht mehr lesen, ohne sich an dieses dunkle Kapitel deutscher Geschichte zu erinnern. Dies aber bedeutet für die jüdische und die christliche Auslegung nicht das gleiche. Für jüdische AuslegerInnen wird im Esterbuch die Geschichte der versuchten Ausrottung ihres eigenen Volkes erzählt, während christliche AuslegerInnen der Frage nicht ausweichen können, wo überall in der Geschichte des Christentums Christen gegenüber Juden in der Rolle des Judenfeindes Haman waren. So ist die Auslegung des Esterbuches auch heute ein Prüfstein für ein zu erneuerndes christliches Verhältnis zum Judentum.

3. Das Esterbuch als Erzählung

Im Esterbuch – darin ist sich die Bibelwissenschaft gegenwärtig einig – wird nicht ein einmaliges historisches Ereignis erzählt, das sich vor langer Zeit im Perserreich so und nicht anders zugetragen hätte. Das kann man schon an einer so einfachen Tatsache erkennen, dass im Perserreich nie eine Jüdin Königin geworden wäre, weil sich die Heiraten des Königshauses auf die sieben vornehmsten persischen Familien beschränkten.

I. Grundwissen zum biblischen Esterbuch

Eine typische Geschichte
Das Esterbuch erzählt keine historisch einmalige, sondern eine typische Geschichte. Es treten Figuren auf, die bestimmte, besonders aus der biblischen Weisheitsliteratur bekannte Typen vertreten: der einfältige König und der kluge Weise, die kluge und die törichte Frau, der Bösewicht und der, der unter ihm leiden muss, aber am Ende oben ist. Es treten Konflikte auf, die sich typischerweise unter bestimmten Bedingungen immer wieder ereignen können: Konflikte zwischen Frau und Mann, Konflikte zwischen Höflingen, Konflikte einer ethnischen Minderheit in einem Staat. Es wird zudem auf eine Weise erzählt, die Figuren und Konflikte aus den Schriften der Bibel neu lebendig werden lässt: so erscheint Ester wie eine weibliche Neuauflage der Gestalt des Jakobssohnes Josef (Gen 37-50; vgl. unten **S. 21***), und die Estergeschichte als ganze hat Ähnlichkeiten mit der Erzählung von Israels Sklaverei unter dem Pharao und seinem Auszug aus Ägypten (Ex 1-15; vgl. unten **S. 43***). Es ist für das Esterbuch deshalb nicht angemessen, es als bloße Quelle für Ereignisse und Zustände der persischen Zeit zu verstehen. Die persische Zeit, der persische Hof sind vielmehr das Bühnenbild, vor dem sich eine Geschichte abspielt, die viel Typisches enthält, der man aber doch auch anmerkt, dass sie für eine bestimmte spätere Zeit geschrieben wurde. Der jüdische Erzählerkreis, aus dem die Estergeschichte stammt und der sie weitergibt, will im Gewand einer in persischer Zeit spielenden dramatischen Geschichte jüdischen Menschen politische und religiöse Orientierungen geben für ihre eigene Zeit, das hellenistische Zeitalter des 3. bis 1. vorchristlichen Jahrhunderts.

Leerstellen – und ihre Füllung
Wie die vielen Fassungen des Esterbuches zeigen, ist die Estergeschichte schon in der jüdischen Antike immer wieder neu und anders ausgedeutet worden. Solche Neu- und Umdeutungen machen sich gern an „Leerstellen" der Erzählung fest. Damit sind Passagen in der Geschichte gemeint, die Fragen aufwerfen oder offenlassen. Warum zum Beispiel weigert sich Königin Waschti, dem Befehl ihres königlichen Gemahls zu folgen? Das hebräische und auch das griechische Esterbuch geben darauf keine direkte Antwort. Spätere jüdische Esterauslegungen haben diese Leerstellen gefüllt – durchaus jeweils unterschiedlich.

So erzählt der jüdisch-römische Schriftsteller *Flavius Josephus*, dass es im persischen Reich ein Gesetz gab, wonach die Frau des Königs keinem fremden Mann gezeigt werden durfte. Waschti hätte also aus der Sicht des Flavius Josephus Recht mit ihrer Weigerung, der betrunkene König aber will ein Landesgesetz verletzen!

Der *Talmud* bringt in seinen Diskussionen zum Esterbuch verschiedene Meinungen zu Gehör. Nach einer dieser Meinungen hätten die bereits betrunkenen Fürsten darüber zu prahlen begonnen, dass die Frauen aus ihrem Volk jeweils die schönsten seien. Der König hätte natürlich behauptet, dass seine Königin die allerschönste sei, und daraufhin hätten die Fürsten verlangt, Waschti in ihrer ganzen Schönheit, nämlich nackt zu sehen. Auch bei dieser Auslegung hat Waschti Recht, sich zu weigern. Nach einer anderen Meinung ist allerdings davon auszugehen, dass der böse, judenfeindliche persische König auch eine böse Königin an seiner Seite haben muss. Waschtis Weigerung ist Ausdruck ihrer Bösartigkeit, wie sie auch sonst gegenüber ihren jüdischen Dienstmägden allerlei Schikanen erfindet.

Keine dieser unterschiedlichen Deutungen aber ist einfach „richtig" oder „falsch", sondern jede beruht erkennbar auf anderen Voraussetzungen.

Leerstelle „Gott"?
Eine für das hebräische Esterbuch charakteristische Leerstelle ist der Verweis auf Gott. Der Gottesname JHWH kommt hier überhaupt nicht vor, aber auch kein anderes Wort für „Gott". Hat Gott also mit dem Geschehen, wie es hier erzählt wird, nichts zu tun? Und was würde das bedeuten? Bedeutet es, dass das Esterbuch von der Klugheit und Beherztheit jüdischer Menschen erzählt, die auch in Todesgefahr ihren Kopf nicht verlieren und sich zu helfen wissen? Dann wäre das Esterbuch eine biblische Schrift, die den Mut von Menschen in Zeiten der Not als Vorbild vor Augen stellt. Oder bedeutet das Fehlen der Rede von Gott ganz etwas anderes, bedeutet es, dass Gott sich verborgen hat in dieser Zeit der Krise? Weist darauf vielleicht der Name „Ester" hin, der gedeutet werden kann als „Verbergen" (vgl. unten **S. 22***)? Überlässt Gott sein Volk denen, die es vernichten wollen? Und welchen Sinn sollte das haben? Solche Fragen sind verstärkt von jüdischen und christlichen AuslegerInnen nach der Shoah gestellt und unterschiedlich beantwortet worden (vgl. dazu auch unten **V.2**). Die Septuaginta vereindeutigt hier auf ihre Weise, indem sie die Rede von Gott an vielen Stellen in die Geschichte einträgt (vgl. dazu auch unten **VI.1+2**). Gott ist es etwa, der Mordechai die Ereignisse vorweg bekannt macht, aber in der verhüllten Form des Traumgesichts (Zusatz A), Gott ist es, den Mordechai und Ester in ihren Gebeten um Hilfe angehen (Zusatz C) und dessen „Antwort" darin besteht, dass er den Geist des Königs milde stimmt, als Ester vor ihn tritt (Zusatz D), und Gott ist es, der den Plan des gesamten Geschehens kennt und lenkt (Zusatz F).

Leerstellen als Herausforderungen an die LeserInnen
Leerstellen einer Erzählung fordern LeserInnen dazu heraus, selbst weiterzudenken und die Lücken zu füllen. LeserInnen unserer Gegenwart werden sicherlich andere Leerstellen finden und füllen als die Leser und Leserinnen in der Zeit der Entstehung der Estergeschichte. Jüdischen LeserInnen drängen sich andere Leerstellen und Antworten auf als denen, die aus einer christlichen Perspektive heraus lesen. Und für LeserInnen in Deutschland, jüdischen wie christlichen, hat das Esterbuch ein anderes Gesicht als für LeserInnen etwa aus Israel oder Palästina oder für Frauen und Männer aus Ländern der sog. „Dritten Welt". So kann und soll es nicht die eine richtige Auslegung des Esterbuches geben, sondern dieses Buches will offenbar eine kritische und kreative Auseinandersetzung anregen über die Themen, die es behandelt. Auch die hier vorgelegten Gedanken wollen zu weiterem Nachdenken einladen, zumal sie nur einige wenige der viele Spuren aufnehmen und verfolgen können, die in dieser biblischen Schrift gelegt werden.

4. Der Aufbau des Esterbuches und die Figuren auf der Bühne

Das hebräische Esterbuch besteht aus zehn Kapiteln.

Die beiden ersten Kapitel
gehören thematisch zusammen und erzählen das dramatische Schicksal von zwei Frauen. Der persische König, der nach dem hebräischen Text den Namen Achaschwerosch trägt, nach der griechischen Version den Namen Artaxerxes, gibt zwei rauschende Feste. Auf dem Höhepunkt des zweiten Festes weigert sich Königin Waschti, dem Befehl des Königs zu folgen und vor der Festversammlung zu erscheinen. Sie wird deshalb als Königin abgesetzt. Nun muss im gesamten persischen Großreich nach einer neuen Königin Ausschau gehalten werden. Von überall her werden junge Frauen in den königlichen Harem verbracht. Darunter ist auch die Cousine und Pflegetochter des jüdischen Mannes Mordechai, die die beiden Namen Hadassa und Ester führt. Ester findet Gefallen beim König und wird zur persischen Königin gekrönt. Am Schluss des zweiten Kapitels steht eine kleine Szene, die Einblick in die Intrigen am persischen Hof gibt: zwei Eunuchen planen, den König umzubringen. Mordechai deckt den Mordplan auf, Königin Ester berichtet davon dem König, und die beiden Verschwörer werden hingerichtet.

Diese kleine Szene leitet über zum

Mittelteil des Esterbuches (Kap. 3-7)
und bereitet darauf vor, dass es auch hier um Hofintrigen und einen Mordplan gehen wird. Der persische König hat nämlich den Agagiter Haman zu hohen Ehren gebracht und verordnet, dass alle sich vor ihm niederwerfen müssen. Mordechai weigert sich, dies zu tun, und Haman will daraufhin nicht nur ihn, sondern das ganze jüdische Volk vernichten lassen. Es gelingt ihm, dafür die königliche Genehmigung zu erhalten und ein Vernichtungsdekret in Umlauf zu bringen. Als Mordechai davon erfährt, sucht er Kontakt zu Königin Ester und beschwört sie, beim König für ihr Volk zu intervenieren. Ester zögert zunächst, ist dann aber dazu bereit.

Am Ende des vierten Kapitels ist die Spannung auf ihrem Höhepunkt: wer wird gewinnen, Haman, der mit dem Siegel des Königs die Vernichtung des jüdischen Volkes in Gang gesetzt hat, oder Ester, die versuchen wird, Hamans Plan abzuwenden? Ester geht zum König Achaschwerosch – und findet Gehör. Sie lädt ihn und Haman zu zwei Festgelagen ein und entlarvt auf dem zweiten Fest den Günstling des Königs als den, der sie, die Königin, und ihr Volk zu vernichten droht. Achaschwerosch lässt Haman abführen und hinrichten, und zwar an dem Galgen, den Haman in seinem Hof für Mordechai hatte errichten lassen.

Die drei letzten Kapitel
des Esterbuches führen die Erzählung eigentlich dreimal zu Ende. Kap. 8 kreist um das Problem, dass zwar der Initiator des Vernichtungsplans, Haman, ausgeschaltet wurde, das Dekret aber noch in Kraft ist. Ester erwirkt vom König die Erlaubnis, ein Gegendekret verfassen zu können, dessen Verbreitung im persischen Reich große Erleichterung und Freude bei der jüdischen Bevölkerung auslöst und viele Nichtjuden dazu bringt, sich vorsorglich auf die jüdische Seite zu schlagen. Die Erzählung könnte hier schließen – Kap. 9 berichtet jedoch von blutigen Kämpfen, die erst nach zwei Tagen beendet sind. Mordechai und Ester erlassen erneut Rundschreiben – diesmal mit der Verordnung, zur Erinnerung an diese Ereignisse alljährlich ein Fest zu begehen. Es ist das Purimfest, das bis heute in den jüdischen Gemeinden der ganzen Welt im Frühjahr, etwa vier Wochen vor dem Pessachfest begangen wird. Aber auch mit diesem letzten Ausblick auf ein Fest ist das Esterbuch noch nicht zu Ende. Kap. 10 kehrt in die nüchterne Wirklichkeit zurück. König Achaschwerosch hat sich nicht geändert – aber Mordechai ist nun anstelle von Haman der zweite Mann im Staat und kann fortan für Frieden und Wohlergehen seines Volkes sorgen.

I. Grundwissen zum biblischen Esterbuch

Wie gehört nun die Figur der Ester genau in diese dramatischen Geschehnisse hinein? Dazu muss einerseits durchgehend auf die Bühne geachtet werden, auf der Ester erscheint und handelt. Auf der anderen Seite aber wird es darum gehen, wie sich Esters Beziehungen zu den anderen Personen des Buches gestalten und wie sie sich selbst in diesem Beziehungsnetz entfaltet.

Fußnoten

(1) Die Schreibweise „Ester" entspricht den ökumenisch abgestimmten Loccumer Richtlinien für biblische Eigennamen; die Schreibweise „Esther" ist die in nichtkatholischen und älteren Bibelausgaben und Kommentaren geläufige.

(2) Dieser verwirrend erscheinende Sachverhalt lässt sich historisch erklären: Als um 400 n. Chr. der Kirchenvater Hieronymus daranging, eine lateinische Bibelübersetzung zu schaffen, die für die lateinisch sprechende Christenheit seiner Zeit eine Art Einheitsübersetzung darstellen sollte (die sog. „Vulgata"), verglich er den hebräischen und griechischen Bibeltext aller Bücher mit der Absicht, in seiner lateinischen Übersetzung dem hebräischen Text nahe zu kommen. Für das Esterbuch zog er die Konsequenz, dass er die sechs großen Zusätze der LXX herausnahm und ans Ende des Buches stellte. In dieser Fassung fanden auch die Reformatoren das Esterbuch im 16. Jh. in ihren Bibeln, und in dieser Fassung hat das Konzil von Trient 1546 das Esterbuch für die katholische Kirche als Heilige Schrift erklärt. Deshalb findet man in katholischen Bibelausgaben bis in den Anfang des 20. Jh. hinein Übersetzungen des Esterbuches, bei denen die Zusätze zusammen am Schluss stehen. Erst die modernen katholischen Bibelübersetzungen ordnen die Zusätze in den Textzusammenhang ein, produzieren aber dadurch einen „Mischtext" aus hebräischer und griechischer Version.

(3) Eine deutsche Übersetzung dieses Esterbuches gibt es bisher nicht, ist aber in Vorbereitung im Rahmen eines Projektes der Deutschen Bibelgesellschaft/Stuttgart, die gesamte griechische Bibel erstmals ins Deutsche zu übersetzen. Herausgeber sind Martin Karrer und Wolfgang Kraus; das Erscheinen des Text- und des Kommentarbandes ist für 2006 geplant. Das Esterbuch wird von Kristin de Troyer und Marie-Theres Wacker übersetzt.

II. Das Private ist politisch und das Politische privat (Kap. 1-3)

1. Glanz und Abgrund persischer Macht (Kap. 1)

Im Zentrum der Macht – der König mit seinem Fest
Der Anfang des Esterbuches breitet zunächst erzählerisch das Bühnenbild aus. Es wird sehr ausführlich, fast umständlich der Raum, die Größe des persischen Reiches mit seinen 127 Provinzen von Indien bis Äthiopien abgeschritten. Anschließend konzentriert sich gewissermaßen der Fokus der Kamera auf die Hauptstadt Susa und verengt sich noch einmal weiter hin auf den Königspalast, in dessen Mitte der König Achaschwerosch auf seinem Thron sitzt, im wahrsten Sinn des Wortes im Zentrum seiner Macht. Durch diese Art der Erzählung wird schon deutlich gemacht: dieser mächtige Herrscher hat von der Mitte aus alles unter Kontrolle. Dann wird vor den Augen und Ohren der Lesenden sein Reichtum ausgebreitet; man fühlt es förmlich blitzen und funkeln. Achaschwerosch zeigt seinen Reichtum, auch dies Zeichen seiner großen Macht. Dies geschieht innerhalb eines lang dauernden Festes und eines weiteren, kürzeren Festes, auf dem jeweils der Wein in Strömen fließt. Achaschwerosch verfügt über einen gewaltigen Raum und kann auch über die Zeit verfügen, kann Feste verordnen, die den normalen Zeitlauf unterbrechen. Dieser König ist wahrhaft Herr über Raum und Zeit, so führen es die ersten acht Verse vor Augen.

... und das Fest der Königin
Ein einziger Vers (1,9) streift dann eine bestimmte Gruppe im ausgedehnten Palastgelände, die Frauen: auch sie feiern ein Fest, das die Königin gibt. Es wird also klar: das gigantische Fest drüben im Hof ist ein Fest des Königs, der Fürsten des Reiches und seiner Berater, es ist ein Fest der mächtigen Männer. Undeutlich bleibt, ob Waschti nur den Frauen des Hofes ihr Fest gibt, die Bevölkerung von Susa dagegen als „gemischte" Festgemeinde vorzustellen ist, oder ob die Königin für alle Frauen zuständig ist. Im ersten Fall entsteht das Bild des Palastes mit einer streng getrennten Welt der Männer und der Frauen, so wie dies in Kap. 2 fortgesetzt wird. Wenn die Königin aber ein Fest für alle Frauen gibt, dann wäre ihr eine nicht geringe Repräsentationsmacht in diesem Reich zugeschrieben, die erklären kann, warum im weiteren Verlauf der Erzählung von Kap. 1 die Machthaber so empfindlich reagieren. Vorerst allerdings ist klargestellt, dass zwar die Königin ihr Fest gibt, aber in Räumen, die unter der umgreifenden Macht des Königs stehen.

II. Das Private ist politisch und das Politische privat (Kap. 1-3)

Waschti – das Schmuckstück
Mit Vers 10 kommt Bewegung in die Szene. Nicht zufällig geschieht das am siebten Tag, ist doch die Sieben eine Zahl, mit der oft in der Bibel etwas Besonderes verbunden wird, eine Zahl der Fülle, der Abrundung. Hier zeigt sie wohl den Höhepunkt des Festes an: Der König will seine Frau, die Königin, sehen, angetan mit dem königlichen Diadem. Sie soll vorgezeigt werden, und sie soll die Krone tragen, das Zeichen ihrer Königswürde, aber damit auch das Zeichen dafür, dass sie Glanzstück der Macht des Königs ist.

Geschlechterpolitik: die Eunuchen
Überbringer des königlichen Befehls an Waschti ist eine Siebenerschaft – wieder die Zahl sieben – von Eunuchen (die gängige deutsche Übersetzung mit „Kämmerer" verschleiert die konkrete Bedeutung des hebräischen Wortes). Diese Diener des Königs sind demnach ihrer Fähigkeit beraubt, Kinder zu zeugen, sie sind in diesem Sinn Nicht-Männer. Im Umkreis des Königs verfügt man offenbar in einer Weise über das Geschlecht von Menschen, dass man direkt auch eingreift, dass man quasi ein drittes Geschlecht schafft, das aber gerade deshalb auch geeignet ist, im Frauentrakt als Diener eingesetzt zu werden. Diese Nicht-Männer verwalten die Frauen, ein Stück der Macht des Königs, das für seine Zuschaustellung des Reichtums wichtig ist. Es entsteht eine Geschlechterhierarchie: die Eunuchen sind gefügig gemacht, die mächtigen Männer darin zu unterstützen, Macht über die Frauen auszuüben. Damit aber sind die Eunuchen im Frauentrakt in eine spannende Zwischenposition gebracht, denn es kann ja passieren, dass sie ihre Loyalität stärker den Frauen als den mächtigen Männern zuwenden. Darauf wird zurückzukommen sein.

Vorerst geht es nur darum, bewusst zu machen, dass schon am Anfang des Esterbuches ganz konkret über Geschlechterpolitik erzählt wird. Nicht nur, dass zwar die Königin die Frauen repräsentiert, aber unter der Macht des Königs steht, sondern auch, dass die Königsmacht „Geschlecht" nach ihrem Ermessen herstellt. Macht definiert sich hier in mehrfachem Sinn über „Geschlecht" – und über die Verfügungsgewalt über „Geschlecht", wobei das deutsche Wort „Gewalt" die Doppelbedeutung hat von legitimer Staatsgewalt und verletzendem Eingriff und genau so die Herrschaft des Achaschwerosch auch funktioniert.

II. Das Private ist politisch und das Politische privat (Kap. 1-3)

Waschtis Weigerung
Waschti nun wird als Glanzstück des Königs durch die Eunuchen herbeizitiert – aber sie kommt nicht. Will sie nicht vor der schon reichlich angetrunkenen Mannschaft erscheinen? Will sie sich nicht als kostbares Schaustück vorführen lassen? So kann vermutet werden, aber die Gründe, die sie für ihre Weigerung hat, werden nicht mitgeteilt. Nicht Waschtis Beweggründe stehen im Vordergrund, sondern einzig das Faktum, dass sie, die Königin, sich verweigert.

Geschlechterpolitik: die Fürsten
Daraufhin tritt nun eine andere Siebenerschaft auf den Plan, die Siebenerschaft der Fürsten des Reiches, die den König bei seinen Regierungsgeschäften beraten. Einer von ihnen, Memuchan, gibt den Rat, ein Exempel an Waschti zu statuieren: sie hat als öffentliche Person die Übereinkunft im Machtarrangement gebrochen, dass eine Frau den Befehlen ihres Ehemanns zu folgen hat. Deshalb, so der Rat des Memuchan, ist eine öffentliche Aktion nötig, um alle Frauen des Reiches zur Räson zu bringen. Die Siebenerschaft der Fürsten mit ihrem Sprecher Memuchan ist die Gruppe, die höchstes Interesse hat am Erhalt der Macht der Mächtigen als Männer und am Erhalt der Macht der Männer als der Mächtigen.

Es ist spannend zu sehen, wie differenziert dieses erste Kapitel des Esterbuches das Machtgefüge am Hof ausbreitet: der öffentlichen Macht der Mächtigen muss die persönliche Macht im eigenen Haus, in der eigenen Familie entsprechen. Waschti gefährdet als Frau die Macht des Königs als Mann, aber sie gefährdet auch als Königin, als öffentliche Person, seine Macht als König. Die Reaktion erfolgt in der Form eines öffentlichen Befehls, eines Dekrets, das nun in alle Familien des Reiches hineinzuregieren sucht. Das Private ist politisch und das Politische ist privat – dieser Slogan der feministischen Bewegung der siebziger Jahre ist hier im Esterbuch auf verblüffend konkrete Weise durchgespielt. Der König lebt zudem eine Beziehung zwischen Mann und Frau vor, die auf Befehl und Gehorsamserwartung aufgebaut ist, und seine Berater sorgen dafür, dass dieses Verhältnis zwischen den Geschlechtern Gesetz für die Ehen im ganzen Reich wird. Das erste Kapitel des Esterbuches präsentiert den typischen Fall von Verhältnissen, wie sie die feministische Bewegung als Allianz von männlichem Geschlecht und Macht kritisiert.

Eine Karikatur politischer Macht
Es ist aber nicht so, dass der jüdische Erzählerkreis, der hinter dem hebräischen Esterbuch steht, diese Machtverhältnisse einfach unbeteiligt darstellt. Man kann vielmehr behaupten, dass die Erzählung hier ein ganzes Stückweit die politische Macht karikieren wollte: die Macht des Königs ist real, aber auch aufgeblasen, sie kann durch ein Nichts, durch ein Nicht-Tun einer einzelnen Frau erschüttert werden. Mit dem König lassen sich auch die mächtigen Männer erschrecken und raten ihm, seinen ganzen Machtapparat aufzubieten, um die Ordnung wieder herzustellen. Die Machtstrukturen im persischen Reich werden als gefährlich erkennbar, aber auch der Lächerlichkeit preisgegeben. Karikatur, Ironie und Spott sind Waffen derer, die weniger oder wenig Macht haben, die die Mächtigen damit aber auch an einer empfindlichen Stelle treffen können.

2. Jüdische Menschen im persischen Reich (Kap. 2)

Die kurze Szene am Beginn des 2. Kapitels (2,1-4) stellt ein Verbindungsglied zwischen Kap. 1 und der Zentralszene in 2,5-20 dar.

Ein launischer König als Gefahr
Dem König tut sein Beschluss, Waschti zu verbannen, leid, und seine Berater wissen erneut eine Lösung: sie suggerieren ihm noch einmal, dass er in jedes Haus seines Reiches hineinregieren kann. Er soll alle noch nicht in die Ehe versprochenen Frauen seines Reiches in seinen Palast holen lassen, die darüber hin aus einem Auswahlkriterium entsprechen, das die Fixiertheit auf „Show-Effekte" am persischen Hof unterstreicht: sie müssen gut aussehen. Wieder folgt der König seinen Beratern. Diese kleine Szene verstärkt das Bild eines launischen, beeinflussbaren und deshalb auch gefährlichen Königs, der zudem von zweifelhaften Beratern umgeben ist. Auch dieses Bild hat karikierende Züge. Es beschreibt nicht die historischen Verhältnisse im persischen Reich, sondern stimmt ein auf die Geschehnisse, von denen im weiteren Verlauf zu erzählen ist.

Mordechai und Ester
Erst im 5. Vers des 2. Kapitels werden Mordechai und Ester eingeführt. Das ist für die Dramaturgie des hebräischen Esterbuches bezeichnend: jüdische Menschen betreten eine Bühne, die von der Macht des persischen Hofes schon besetzt ist, jüdische Menschen finden diese Machtverhältnisse vor und müssen sich darin zurechtfinden.

II. Das Private ist politisch und das Politische privat (Kap. 1-3)

Wer sind nun diese beiden? Von Mordechai wird erzählt, dass er Jude ist aus dem Stamm Benjamin und Nachkomme derer, die vom babylonischen König ins Exil verschleppt wurden. Jüdische Menschen haben schon eine Gewaltgeschichte hinter sich; sie sind nicht freiwillig in Susa. Von Ester wird erzählt, dass sie elternlos war und von Mordechai an Kindes statt aufgenommen wurde. Diese Information zeigt, dass Ester um einiges jünger sein muss als Mordechai, sie zeigt aber auch, dass beide verwandt sind und er verwandtschaftliche Pflichten an ihr erfüllt.

Vater und Tochter

Ester und Mordechai stehen demnach in einer Art Vater-Tochter-Verhältnis zueinander; Mordechai hat über Ester die väterliche Autorität. Das sieht auf den ersten Blick so aus wie eine weitere Form von Männerherrschaft, nur eben jetzt eine innerjüdische Variante. Dafür spricht zunächst auch eine weitere Beobachtung: dem Mann Mordechai werden biographisch die ausgreifenderen Informationen zugeordnet, Herkunft aus Jerusalem und dem Stamm Benjamin, während die Informationen zu Ester sie auf ihre enge Herkunftsfamilie beschränken und sie auch erst in Nach- und Zuordnung zu Mordechai auf die Bühne kommt. Für die Erzählung insgesamt aber ist auf jeden Fall auch eine andere Seite wichtig: dieses auf den ersten Blick so patriarchalisch aussehende Vater-Tochter-Verhältnis steht in einem größeren Zusammenhang, in dem ein König hineinregiert in Familien und den Vätern die Töchter wegnimmt für seinen Harem, ein Zusammenhang, in dem jüdischen Menschen gleichsam nur in den Nischen dieser allumfassenden Macht Raum finden können.

Ein Geflecht von Unterdrückung

Aus feministischer Sicht wäre genau dieses Doppelgesicht der Verhältnisse festzuhalten, das Differenzierungen ermöglicht. Neben der Unterdrückung aufgrund des Geschlechts kann es zum Beispiel Unterdrückungsstrukturen aufgrund einer Zugehörigkeit zu einem bestimmten Volk geben, von denen hier Ester, aber auch der Mann Mordechai betroffen sind, nicht aber eine Frau wie Waschti, die ja zur herrschenden persischen Elite gehört. Wir sind beim Lesen des Esterbuches herausgefordert, in mehrere Richtungen zu schauen, unsere Fragen zu differenzieren: Wie herrscht die persische Macht, repräsentiert durch ein paar wenige mächtige Männer, die Fürsten und der König, auch über das Geschlecht von Menschen (Frauen und Eunuchen), und was geschieht darin besonders den Frauen? Aber auch: Wie geht es Mordechai und Ester als jüdischen Menschen unter dieser persischen Machtmaschinerie, und wie besonders Ester als jüdischer Frau? Und schließlich: Wie geht, gewissermaßen innerhalb der jüdischen Gemeinschaft, der Mann Mordechai mit der Frau Ester um?

II. Das Private ist politisch und das Politische privat (Kap. 1-3)

Eunuchen und Frauen im Bann königlicher Herrschaft

Für all diese Fragen ist das zweite Kapitel sehr aufschlussreich: Auch im zweiten Kapitel treten *Eunuchen* auf die Bühne, diesmal als Bedienstete im Frauenhaus, im Harem. Diesmal jedoch wird schon deutlich, dass einer der Eunuchen, Hegai, sich von Ester beeindrucken lässt und sie bevorzugt. Hegai handelt eigenständig, indem er sein Möglichstes dafür tut, dass Ester vor dem König Gnade findet. In seinem begrenzten Rahmen beeinflusst Hegai auf seine Weise das Geschehen zugunsten Esters; er ist damit aus der Sicht des Erzählerkreises auf der Seite des jüdischen Volkes. Auch für das Schicksal von Frauen am persischen Hof ist das zweite Kapitel des Buches sehr sprechend. Es erlaubt einen Innenblick in die Frauenräume des Palastes und beschreibt ausführlich die Schönheitskur, der die Frauen unterworfen werden, bevor sie vor den König treten. Auf der einen Seite erfahren wir dadurch viel über den Alltag dieser Frauen, auf der anderen Seite wird durch die Art der Erzählung unmissverständlich deutlich gemacht, dass dies alles nur im Hinblick auf die eine Nacht mit dem König geschieht. Ob den Frauen dieses Beauty-Programm gefällt, erfahren wir nicht. Auch hier, wie im ersten Kapitel, sind die Zeitangaben sprechend, drücken sie doch erneut das Herrsein des Königs über die Zeit aus. Zwölf Monate, ein ganzes Jahr lang werden die jungen Frauen vorbereitet auf eine einzige Nacht mit dem König. Er nimmt jeder dieser Frauen ein ganzes Lebensjahr für seinen kurzen Genuss – sexistischer Zeitimperialismus im wahrsten Sinn des Wortes.

Jüdische Menschen als Opfer und in Solidarität

Schaut man nun genauer auf die jüdischen Menschen, so wird deutlich, dass auch über Esters Familie die Frauensammler hereinbrechen und auch Ester in den Harem des Königs geholt wird, ohne dass sie oder Mordechai sich dagegen wehren können. Beide, Mordechai wie Ester, werden als Opfer des königlichen Zugriffs dargestellt, haben keine Wahl: er kann sie nicht verteidigen, und sie muss mitgehen. Aber das Interessante ist nun, dass beide auch weiterhin in der Darstellung eng aufeinander bezogen bleiben, und zwar nicht einfach nur in den Rollen von Befehlsempfänger (Mordechai) und gehorsamer Tochter (Ester). Ester wird zwar in den Harem weggeführt, aber Mordechai geht ihr nach, versucht, in ihrer Nähe zu sein, hält sich tagsüber im Hof des Frauenhauses auf und versucht herauszufinden, wie es ihr geht. An Ester geschieht etwas, sie ist eher passiv; sie soll ihre jüdische Herkunft ja auch verbergen, nicht preisgeben (warum, darauf wird später zurückzukommen sein), aber Mordechai bestimmt durch seine Aktivität, dass er zu Ester gehört; er lässt sein

Handeln durch ihr Geschick bestimmen. So zeigt die Erzählung insgesamt schon hier im zweiten Kapitel, dass beide, Ester und Mordechai, eng aufeinander bezogen sind. Dies ist ein Grundzug des ganzen hebräischen Esterbuches: es zeichnet Ester und Mordechai als eng zusammengehörig.

Ester und Mordechai als Repräsentanten des jüdischen Volkes
Die eine ist nicht ohne den anderen zu haben; beide repräsentieren gemeinsam das jüdische Volk. Und das in dreifacher Hinsicht:
- sie repräsentieren das jüdische Volk in dem, was an ihnen gemeinsam als Juden *geschieht*, veranlasst durch die Macht des persischen Hofes,
- sie repräsentieren das jüdische Volk aber auch in der Art, wie sie *aktiv* werden – das wird sich vor allem auch noch einmal am Schluss des Buches zeigen –
- und sie repräsentieren nach der Darstellung des Esterbuches eine andere Art von *Geschlechterverhältnis* in der Art, wie sie als Paar miteinander umgehen, als Kontrastprogramm besonders zu dem, wie Achaschwerosch mit Waschti umgeht. Sie gestalten Beziehung und Macht anders – dies wird besonders in Kap. 4 sichtbar werden.

Ester als „weiblicher Josef"
Dass im Esterbuches auch im Hinblick auf vorgegebene biblische Traditionen die Geschlechterfrage in Bewegung kommt, zeigt die Art und Weise, wie in Kap. 2 auf die Josefsgeschichte der Genesis (Gen 37-50) zurückgegriffen wird. Es ist hier Ester, die gezeichnet wird nach dem Vorbild der Figur Josefs, des Lieblingssohnes Jakobs: auch Josef ist schön und findet überall Gefallen, wohin er kommt. Auch Josef gerät in die Fremde, in Gefangenschaft, auch Josef gewinnt die Gunst derer, von denen er abhängt, und steigt auf zum wichtigsten Mann neben dem König, dem Pharao von Ägypten. Auch Josef kann seinem Volk bzw. seiner Familie Gutes erweisen und es (vor dem Hungertod) retten. Ester als weiblicher Josef, die wiederum ihrem Cousin Mordechai dazu verhilft, dass er seinerseits wie Josef der zweite Mann neben dem König wird (vgl. Kap. 8) – eine Beobachtung, die zeigen mag, wie kreativ man im Judentum der hellenistischen Zeit mit den Figuren und Stoffen der eigenen Tradition umgehen konnte.

II. Das Private ist politisch und das Politische privat (Kap. 1-3)

Ester verbirgt ihre jüdische Herkunft

Ester also, die wie Josef in Ägypten Gefallen findet, schafft es wie Josef auch, bis an die Seite des Königs aufzusteigen. Wieder ist interessant, wie das erzählt wird: es geschieht im siebten Jahr der Regierung des Achaschwerosch (2,16; erneut die Zahl sieben!); Ester wird gleichsam in die offizielle Zeitrechnung aufgenommen, sie gehört jetzt mit zum Machtapparat an der Spitze. Aber sie ist anders als Waschti – sie ist Jüdin. Zweimal wird betont (2,10.20), dass sie ihre jüdische Herkunft verborgen hält. Warum Mordechai ihr diesen Befehl gegeben hat, wird nicht erzählt – eine Leerstelle, die wir Leserinnen und Leser füllen können. Vielleicht befürchtet Mordechai, dass sie angefeindet wird, wenn bekannt ist, aus welchem Volk sie stammt. Denn dass mit Judenfeindschaft im persischen Reich zu rechnen ist, zeigt dann ja gleich das nächste Kapitel. Dass aber überhaupt von diesem Befehl Mordechais erzählt wird, kann damit zusammenhängen, dass der assyrisch oder auch persisch klingende Name „Ester" mit einem hebräischen Wortspiel erklärt werden soll und dadurch Ester auch von ihrem Namen her als echte Hebräerin, als Frau aus dem jüdischen Volk dargestellt wird.

Ester – Judentum im Verborgenen

Der Name Ester, der an den Namen der babylonischen Kriegs- und Liebesgöttin Ischtar anklingt oder auch an das persische Wort für Stern, wird hier mit dem hebräischen Verb für „verbergen" *(histir)* verbunden; Ester ist dann die, die „verbirgt" – und zwar ihre Herkunft. In der Tat „verbirgt" ja auch ihr nichtjüdisch klingender Name schon, dass sie Jüdin ist. Auf diese Weise wird Ester zum Modell des im Verborgenen lebenden Teils der jüdischen Gemeinschaft, während Mordechai, wie in Kapitel 3 erzählt werden wird, sein Judentum offensiv, öffentlich bekennt. Vielleicht dürfen wir Mordechai und Ester deshalb auch sehen als RepräsentantInnen von zwei Wegen, jüdisches Leben in der Fremde zu leben; vielleicht ist das Esterbuch eine Schrift, die jüdischen Menschen empfehlen möchte, für sich zu entscheiden und zu verantworten, welcher Weg für sie in ihrer Situation der bessere, lebbare ist. Im Handlungsverlauf des Esterbuches jedenfalls ist der verborgene Weg Esters notwendig, um die Katastrophe, die Mordechais offener – und für ihn wohl auch unausweichlicher – Weg ausgelöst hat, zu verhindern.

Revolte und Loyalität

Das zweite Kapitel schließt mit einer kleinen Episode, die zeigt, wie gefährlich der König lebt, wie unsicher seine Macht ist: zwei Eunuchen planen seinen Sturz. Wieder sind es im übrigen Eunuchen, die sich nicht in ihre Rolle fügen, sondern eigenständig handeln. Die kleine Episode zeigt aber auch, dass Mordechai und Ester sich loyal zum König verhalten: Mordechai hat das Komplott aufgedeckt; Ester, die als Königin den Zugang zum König hat, zeigt es an. Für die weitere Erzählung ist hier vorgebaut: wir wissen schon jetzt, dass Haman, der in seiner Rede vor dem König (3,8f) das jüdische Volk zum Staatsfeind Nr. 1 erklären wird, ein Verleumder ist.

3. Ein tödlicher Konflikt bricht aus (Kap. 3)

Zu Beginn von Kap. 3 betritt eine Figur die Bühne, von der bisher noch nicht die Rede war. Die Szenerie bleibt weiterhin der Bereich des Königspalastes, wie überhaupt dieser Raum im ganzen Buch kaum verlassen wird.

Ein Ort mit Bedeutung – das Tor

Innerhalb des Palastes geht es jedoch wiederum um einen spezifischen Ort, an dem sich bereits einmal eine entscheidende Szene zugetragen hat, nämlich das Tor. Im Tor wurde von Mordechai die Verschwörung gegen den König aufgedeckt, im Tor hat Mordechai offenbar einen Posten gefunden, wie hier in Kap. 3 vorausgesetzt wird, im Tor entwickelt sich aber jetzt auch eine Figuren- bzw. Handlungskonstellation, die für hohe Dramatik in den folgenden Szenen sorgt – und die entscheidend mit der neuen Figur auf der Bühne zusammenhängt.

Haman, der Todfeind

Diese neue Figur, Haman, wird zunächst einmal vorgestellt, der Familien-Genealogie und der Volkszugehörigkeit nach, also formal ebenso wie in Kap. 2 auch Mordechai. Dabei ist die Bezeichnung Hamans als Agagiter wiederum hochbedeutsam im Sinne der Verknüpfung des Esterbuches mit anderen biblischen Schriften. Agag ist der Name des Königs der Amalekiter, der dem ersten König Israels, Saul entgegengetreten war (vgl. 1 Sam 15). Haman, der Agagiter, wird damit schon über seine Volkszugehörigkeit als Gegenspieler des Mordechai gezeichnet, der als Benjaminit aus dem gleichen Stamm kommt wie Saul. Man kann noch andere biblische Erzählungen, in denen von den Amalekitern die Rede ist, hinzunehmen, v. a. die Szene in Ex 17,8-16, da Amalek sich

Israel entgegengestellt, als es den Gottesberg, den Sinai erreichen will, und Mose eine Schlacht mit der Hilfe Gottes führt, bis die Amalekiter geschlagen sind. Auf diese Schilderung folgt der Satz „Dann sprach Gott zu Mose: Schreibe dies zum Gedächtnis in ein Buch und verkünde Josua, dass ich die Erinnerung an Amalek völlig unter dem Himmel auswischen werde". Die Reaktion des Mose ist ein Altarbau, den er mit den Worten begleitet: „Krieg führt Gott gegen Amalaek von Geschlecht zu Geschlecht" (Ex 17,14.16). Hier wird deutlich: zwischen Amalek und Israel herrscht Todfeindschaft, die anscheinend durch nichts überbrückt werden kann. In Haman tritt dem Mordechai ein Todfeind entgegen – dies ist die Botschaft, die über die Abstammung der beiden Männer vermittelt wird.

Hamans Beförderung
Ausgerechnet dieser Haman nun wird vom König in eine Position erhoben, in der er Reverenz von allen anderen auch hochgestellten Persönlichkeiten erwarten kann. Dieser Erzählzug ist zunächst einmal einigermaßen verblüffend, nachdem man gerade von Mordechais Aufdeckung eines Mordkomplottes gegen den König erfahren hat – eigentlich wäre doch jetzt zu erwarten, dass Mordechai dafür vom König belohnt wird. Davon hört man aber zunächst nichts; stattdessen geht es um die Beförderung eines Menschen, von dem man bisher noch gar nichts weiß, außer, dass er aus jüdischer Sicht der am allerwenigsten Geeignete dafür ist. Dieses schroffe Durchkreuzen von Leseerwartungen könnte ein erzählerischer Schachzug sein: er weckt die Spannung, was denn aus Mordechai wird, er signalisiert möglicherweise auch auf seine Weise noch einmal die absolute Willkürordnung, die aus der Sicht des jüdischen Erzählerkreises im Reich des persischen Königs herrscht.

Einer für alle und alle für einen
Ausgerechnet Haman also erhält eine Position, in der ihm Reverenz per königlicher Verordnung zusteht. Mordechai verweigert dem Haman diese Reverenz und ignoriert damit eine Verordnung des Königs.

Bemerkenswert ist nun, dass in diesem Verhalten Mordechais eine Analogie zu dem Verhalten Waschtis erkannt werden kann, die ja auch einen Befehl des Königs ignoriert hatte. Geht man auf dieser Fährte weiter, so finden sich noch andere Ähnlichkeiten zwischen Mordechai und Waschti. Bei beiden wird der Grund der Weigerung nicht mitgeteilt. Im Vordergrund steht das Faktum der Befehlsmissachtung als solches, bei Waschti wie auch bei Mordechai.

Auf Mordechai wie auch auf Waschti fällt die Wut eines mächtigen Mannes, und in beiden Fällen wird mit einem Edikt reagiert. Auch im Männerkonflikt zwischen Haman und Mordechai gilt: das Private ist öffentlich, insofern Haman die jüdische Herkunft des einzelnen Mannes Mordechai, der ihn beleidigt, zum Ausgangspunkt für seine Aktion gegen das ganze jüdische Volk macht. Bei Waschti war es die Befehlsverweigerung als Königin und Frau, die für alle Frauen stand, bei Mordechai macht Haman den Widerstand des Mordechai gegen ihn zum Anlass, gegen alle Juden vorzugehen. Eine für alle und alle für eine – Waschti muss im Blick auf alle Frauen gehen, und der Befehl, jeder Mann herrsche in seinem Haus, ergeht für alle Frauen; Einer für alle und alle für einen: Mordechai steht in Hamans Augen für das ganze jüdische Volk, und seinetwegen sollen alle ausgerottet werden. Das harte Durchgreifen der königlichen Ratsversammlung gegen den drohenden Aufstand der Frauen ähnelt dem geplanten mörderischen Durchgreifen Hamans gegen das jüdische Volk. Pointiert gesagt: das Esterbuch parallelisiert den Sexismus am persischen Hof und den Antisemitismus, der dort ebenfalls herrscht, es stellt Sexismus (Diskriminierung aufgrund des Geschlechts) und Antisemitismus (Diskriminierung aufgrund des Judeseins) als strukturverwandt dar.

Leerstelle Befehlsverweigerung
Wie im Fall der Waschti so hat man auch im Fall des Mordechai über die Gründe seiner Befehlsverweigerung viel spekuliert. Oft findet man die Überlegung, Mordechai als frommer Jude würde seine Knie beugen nur vor Gott allein und hätte dem Haman die quasigöttliche Verehrung verweigern wollen. So ist es auch schon in der Septuagintafassung ausgesprochen. Im hebräischen Text aber findet man keinen Anhaltspunkt für diese Deutung – hier weist die Spur, die man festmachen kann, in eine andere Richtung: ihrer Herkunft nach sind Mordechai und Haman Todfeinde. Vor einem Nachkommen Amaleks kann ein Jude nicht die Knie beugen.

Hamans Rede als Spiegel der Judenfeindschaft
Dies wiederum aber lässt der Nachkomme Amaleks nicht ungestraft: er plant, so heißt es am Ende des Abschnitts, alle Juden zu vernichten, und mit diesem Plan sucht er den König auf.

Hamans Rede (3,8-9) ist ein Meisterwerk der Diplomatie einem absolutistischen Herrscher gegenüber. Er lenkt den Blick des Königs auf eine Gruppe seiner Untertanen, die man nicht genau an einer Stelle lokalisieren kann, sondern die überall zu finden sind. Das allein muss einen auf Kontrolle bedachten Herrscher schon beunruhigen. Der zweite Faktor, der dem König Unbehagen bereiten muss, ist das von Haman geschilderte Verhalten dieser Gruppe gegenüber den Gesetzen des Königs: sie halten sie nicht, schlimmer noch, sie haben eigene Gesetze. Das dritte ist eine Botschaft, die auf die Fremdheit, die Andersheit dieses Volkes abhebt: es ist *eines* (im Hebräischen steht das Zahlwort „eins"), es hält sich für sich, wirkt dadurch nach innen zusammengeschlossen; es ist abgesondert und seine Gesetze sind anders als die aller anderen. Diese Fremdheit, diese Andersheit wird hier offensichtlich beschworen als ein Angstfaktor: wer so anders ist als alle, ist schwer zu fassen, schwer zu regieren, schwer unter Kontrolle zu bekommen. Hier muss der König eingreifen – diese Botschaft spricht Haman aus und sie kommt auch beim König an. Im Übrigen hat Haman hier ein Argumentationsmuster gefunden, das in der Geschichte des jüdischen Volkes seit der Antike und bis in unsere Gegenwart immer wieder gegriffen hat: sie sind anders als wir, sie leben nach ihren eigenen Gesetzen, und das stört jedes politische Einheitskonzept. Man könnte sagen, dass wir in der Rede Hamans damit ein Grundmuster der Judenfeindschaft aller Zeiten aufgespürt haben.

Der zweite Teil von Hamans Rede ist schwieriger zu verstehen. Vor allem ist nicht ganz klar, was es mit den 10.000 Talenten Silber auf sich hat. Will Haman sie aus seiner Tasche für die zahlen, die die mörderische Arbeit erledigen sollen? Wie immer dem sei – der letzte Teil des Satzes läuft darauf hinaus, dass Haman dem König Gewinn für dessen Schatzkammern verspricht. Auch das ist ein Grundmuster der Judenverfolgung aller Zeiten: Pogrome lohnen sich, sei es dadurch, dass man die Häuser der Getöteten plündert, oder auch schlicht dadurch, dass die Getöteten, von denen man geliehen hat, keine Rückzahlungsforderungen mehr erheben können. Haman vermittelt dem König also einerseits, er müsse um seiner Machterhaltung willen handeln, und andererseits appelliert er an die Prunksucht des Königs, die nur durch eine gut gefüllte Staatskasse aufrecht erhalten werden kann. Haman erreicht sein Ziel, er erhält den königlichen Siegelring, kann das Vernichtungsdekret aufsetzen und es mit den königlichen Kurieren in das ganze Reich hinein verbreiten lassen.

II. Das Private ist politisch und das Politische privat (Kap. 1-3)

Frauenunterwerfung – Judenmord
Die Szene in Kap. 3,8ff hat auffällige Ähnlichkeiten mit Kap. 1. Die Rede, die Haman hier hält, ist die Rede eines *Beraters* am Hof vor dem König, wie auch die Rede des Memuchan aus Kap. 1, die über das Schicksal der Waschti befand. Beide Reden sind in ihrer *Wirkung* vergleichbar: auch jetzt gibt der König seinem Berater Gehör, und der kann den königlichen Beamtenapparat für seine Zwecke benutzen. Die Argumentation Hamans ist schließlich *strukturell* in einem Punkt der des Memuchan zu vergleichen: das eine Volk des Mordechai beachtet die Gesetze des Königs nicht, so wie es auch Waschti nicht getan hat, und dies darf nicht geduldet werden. Ansonsten aber geht der Inhalt der Argumentation des Haman wesentlich weiter als der des Memuchan: Für Memuchan sind Frauen reine Objekte, mit denen Männer spielen und, wenn sie nicht parieren, sie durch Zwang unterwerfen oder schlicht austauschen. Die Juden aber kann man nach Hamans Rat nicht unterwerfen, sondern nur beseitigen.

So wie man deshalb im ersten Kapitel noch lachen konnte über den beeinflussbaren, gefühlsbeherrschten König und seine übertrieben frauenfeindlichen Ratgeber, so gerinnt Leserinnen und Lesern jetzt vor Schreck gleichsam das Blut in den Adern ob dieses antisemitischen Anschlags und dieses leichtgläubigen Königs, dem es kein Problem zu sein scheint, die Vernichtung eines ganzen Volkes zu legitimieren.

III. Ester nimmt den Kampf auf (Kap. 4-7)

1. Ester entscheidet sich (Kap. 4)

Mordechai erfährt vom Plan des Haman und beginnt in der Stadt Susa eine öffentliche Klage, wodurch die Information auch zu Ester getragen wird.

Esters doppelte Loyalität
Das ganze dritte Kapitel hindurch haben wir von Ester nichts gehört und können uns nur – diese Leerstelle füllend – vorstellen, dass sie sich in die neuen Verhältnisse eingelebt und mit ihrem Charme die Herzen für sich gewonnen hat. Wir können und sollen uns aber wohl auch vorstellen, dass sie über ihre jüdische Herkunft nichts hat verlauten lassen und dass sie bisher in keine Situation gekommen ist, in der sich zwischen ihrer jetzigen Position als Gemahlin des persischen Königs und ihrer Herkunft aus dem Volk der Juden für sie ein Konflikt ergeben hat. Sie konnte eine „doppelte Loyalität" aufrechterhalten; sie konnte im Befehlssystem des persischen Hofes funktionieren und brauchte gleichzeitig ihre Verbundenheit mit dem jüdischen Volk nicht zu verraten.

Der Eunuch Hatach auf der Seite der Bedrohten
In der kritischen Situation zu Beginn des 4. Kapitels ist Ester im Inneren des Palastes, damit nahe am König, aber auch von der Außenwelt abgeschnitten. Mordechai dagegen ist draußen, aber ohne wirkungsvolle eigene politische Möglichkeiten. Die räumliche Trennung zwischen Ester im Frauenhaus und Mordechai in der Stadt wird durch den Eunuchen Hatach überbrückt, was hier aufwendig erzählt ist und einerseits die Schwierigkeiten der Kommunikation unterstreicht, andererseits aber auch zeigt, wie ein treuer Diener auszusehen hat: Hatach ist ein Höfling, auf den sich Ester und Mordechai unbedingt verlassen können, während der König von lauter machtgierigen Kämmerern umgeben ist, die ihm zu schaden trachten. Der Nicht-Mann Hatach bestimmt seinen besonderen Ort in diesem Machtgefüge, indem er sich auf die Seite des bedrohten Volkes stellt.

Die Stunde der Entscheidung
Aber auch für Ester ist die Stunde der Entscheidung gekommen. Zunächst scheint sie das Problem nicht zu erkennen. Sie schickt prächtige Gewänder zu Mordechai, der in Sack und Asche vor dem Palast sitzt. Sack und Asche sind im biblischen Israel Zeichen der Trauer, sie sind aber hier wohl vor allem Ausdruck der Solidarität Mordechais mit seinem bedrohten Volk. Mordechai nimmt Esters Kleider nicht an; er verweigert den Kleiderwechsel und bedeutet ihr damit, dass er jetzt nicht auf die Seite der Mächtigen wechseln kann.

Dadurch aber bringt er Ester zum Nachdenken: Wohin gehöre ich, so soll sie sich fragen, auf die Seite meines Volkes, des jüdischen Volkes in Todesgefahr, oder auf die Seite der Perser, der Macht, der Mörder?

Kann sie die Geste des verweigerten Kleiderwechsels vielleicht noch nicht verstehen, so versteht sie umso mehr Mordechais Worte, die er durch Hatach überbringen lässt (4,8.13f). Mordechai will, dass Ester sich entscheidet, sich auf die Seite ihres Volkes zu stellen. Jetzt ist der Moment gekommen, wo es mit der bisher stillschweigend praktizierten „doppelten Loyalität" gegenüber Mordechai und gegenüber dem persischen König schwierig wird: sie kann jetzt nicht mehr den Worten Mordechais folgen und zugleich den Worten ihres königlichen Eheherrn, sie muss sich jetzt entscheiden, einen Befehl ihres königlichen Eheherrn zu übertreten, um ihrem Volk zu helfen. Das genau macht Mordechai ihr klar: du musst dich entscheiden, du kannst nicht neutral bleiben. Wenn du nichts tust, dann giltst du als eine, die de facto mit unseren Mördern paktiert. Wenn du nichts tust, dann hast du dich de facto auf die Seite unserer Hasser geschlagen.

Ester lässt sich auf diese Argumente ein und entscheidet sich für ihr Volk. Sichtbarer Ausdruck dafür ist der Wunsch, den sie äußert, dass alle in Susa lebenden jüdischen Menschen gemeinsam mit ihr fasten, Zeichen der gemeinsamen Notsituation, Zeichen aber auch der Solidarität untereinander.

Eine andere Form des Geschlechterverhältnisses
Der letzte Vers des 4. Kapitels hält fest, dass Esters Entscheidung auch für Mordechai Konsequenzen hat. Mordechai tut nun, was Ester ihm befiehlt. Zwischen Mordechai und Ester haben sich die Befehlsverhältnisse umgekehrt. Er besteht nicht weiter darauf, der Patriarch zu bleiben, der ihr Anordnungen gibt, sondern jetzt nimmt Ester selbst das Heft des Handelns in die Hand.

In dieser Szene wird das Verhältnis zwischen Mordechai und Ester als Kontrastmodell zu dem, was sich am Hof abspielt, gut deutlich: Achaschwerosch hatte nur einmal zu Waschti gesandt, mit einem klaren Befehl. Sie konnte nicht mit ihm diskutieren, sondern wurde gleich abgesetzt. Ester hört über ihren Eunuchen von Mordechais Ansinnen, diskutiert aber mit ihm und lässt sich schließlich überzeugen. Außerdem bleibt es nicht bei der einlinigen Befehlsstruktur, sondern Mordechai hört nun auf den Befehl Esters. Wenn man die Beziehung zwischen Mordechai und Ester als Modell eines Geschlechterverhältnisses liest, dann ist dieses jüdische Modell nicht einlinig patriarchal, sondern kommunikativ und flexibel.

III. Ester nimmt den Kampf auf (Kap. 4-7)

Im übrigen lässt sich hier eine weitere Spur der Königin Waschti entdecken: auch Ester wird nun einen Befehl des Königs übertreten, aber gewissermaßen spiegelverkehrt zu Waschti: Waschti hatte es verweigert zu kommen, als sie gerufen wurde; Ester ist entschlossen, vor den König zu treten, obwohl sie nicht gerufen wurde, und sie weiß, dass sie damit ihr Leben riskiert. Für Leserinnen und Leser des Esterbuches ist die Spannung hier auf dem Höhepunkt: wird es Ester anders als Waschti ergehen?

2. Ester tritt vor den König (Kap. 5,1-8)

Szenisch gehören die acht ersten Verse des fünften Kapitels sicher zusammen, aber von der Dramatik des Buches her bilden die ersten zwei Verse für sich den Höhe- und Wendepunkt des ganzen Mittelstückes der Kapitel 3/4-7. In diesen beiden Versen entscheidet es sich ja, ob Ester mit ihrer Aktion Erfolg hat; hier entscheidet sich der ganze weitere Handlungsverlauf.

Macht der Schönheit
Die entscheidende Episode ist äußerst kurz, umfasst sie doch nur die beiden Verse 5,1+2. Erzählerisch sind sie jedoch sehr spannend und kunstvoll gestaltet. Der dritte Tag ist analog dem siebten Tag in Kap. 1 eine Datierung, die einen Höhepunkt markiert. Ester legt die königlichen Gewänder an; sie umgibt sich jetzt mit allen Insignien der Königsmacht und ist damit bereit, das Spiel aktiv und mit dem Einsatz von Stärke in die Hand zu nehmen. Sie hätte ja auch beschließen können, sich völlig klein zu machen, sich dem König vor die Füße zu werfen. Nein, so nicht, keine Unterwerfung, sondern ein Machtspiel auf gleicher Augenhöhe. Ester ist also nicht nur passiv schön, sondern setzt ihre Schönheit hier gezielt als Machtmittel ein. Und sie gewinnt, wie in Vers 5,2 erzählt wird, und zwar so, dass der König ihr das Zepter entgegenstreckt und sie es berührt. Nicht er legt ihr das Zepter auf den Nacken, während sie vor ihm kniet (so die Fassung der Septuaginta an dieser Stelle), sondern sie steht und bewegt sich auf ihn zu, eine Geste, die auch wieder eher die gleiche Augenhöhe signalisiert. Ester geht geschickt und listig den Weg ihrer maximalen Stärke.

Trotzdem wird das Machtgefälle zwischen ihr und dem König sehr deutlich, denn alle andere Macht verbleibt erzählerisch beim König: *sein* ist der Innenhof, sein ist der gesamte Palast, *sein* ist der Thron, auf dem er sitzt (eine Erinnerung an Kap. 1, eine Geste der Machtfülle und zugleich Kontrolle), *sein* ist die Residenz, in der der Thron steht. Aber Ester gewinnt das Machtspiel und kann nun weiter aktiv werden.

Geschicktes Planen
Ihre Aktivität besteht als nächstes darin, den König mit Haman zu einem ersten Gelage einzuladen, auf dem nichts weiter geschieht, als dass sie die beiden zu einem weiteren Fest einlädt. Es gibt Kommentatoren, die hier Esters Ängstlichkeit durchscheinen sehen: sie schafft es nicht, schon gleich beim ersten Mal mit der Sprache herauszurücken. Auf der Linie der Verse 5,1+2 aber kann mit mehr Anhalt am Text angenommen werden, dass Ester auch hier geschickt plant. Sie appelliert an die Vorliebe des Königs für Feste, die wir ja bereits zur Genüge kennen gelernt haben; sie weiß, dass sie ihn dadurch in eine Stimmung versetzen kann, die ihn ihr gewogen macht. Sie bereitet also mit diesem Doppelfest den für sie günstigsten Boden, denn sie weiß ja, wie schwierig es sein wird, den König davon zu überzeugen, dass sein zur Zeit engster Vertrauter ihr Feind und der Feind ihres Volkes ist.

Ester in der Spur Waschtis
Diese Feste haben aber auch noch einen anderen Aspekt, der Ester mit Waschti verbindet: auch Waschti hatte ein Fest gegeben (Est 1,9), aber „nur" für die Frauen. Ester dagegen gibt nun ein Fest für den König und dreht damit an der entscheidenden Stelle die Machtverhältnisse um. Zudem gibt sie nicht nur ein Fest, sondern zwei Feste, wiederholt damit das Tun des Königs, wie in Kap. 1 geschildert, und weckt bei Leserinnen und Lesern die Spannung, was sich wohl diesmal beim zweiten Fest ereignen werde – war nicht bereits einmal eine Königin an einem zweiten Fest gescheitert?

An diesen erzählerischen Signalen, die die Verbindung zwischen Waschti und Ester herstellen, lässt sich ablesen, das die Kap. 1 und 2 nicht als reine Ouvertüre einer Erzählung fungieren, die erst ab Kap. 3 beginnt, sondern dass die beiden Eingangskapitel sehr kunstvoll mit dem weiteren Verlauf verzahnt sind. Das sieht man auch an der anderen bereits aufgewiesenen Spur, den textlichen Verbindungen zwischen Waschti und Mordechai. So gesehen könnte man sagen, dass Waschti erzählerisch nicht vergessen ist, sondern in den beiden jüdischen Hauptfiguren des Stückes, in Ester wie in Mordechai, weiterlebt.

III. Ester nimmt den Kampf auf (Kap. 4-7)

3. Seresch, Hamans Frau, eine schlechte Ratgeberin (Kap. 5,9-6,10)

Haman, der sich nach dem ersten Gelage bei Ester auf dem Zenit seiner Macht sieht, gebärdet sich zu Hause wie der König selbst (5,8-14).

Sereschs Rat
Auch Haman lädt ein, auch er breitet seinen Reichtum und seinen Stolz – seine zehn Söhne! – vor den Gästen aus, und er lässt sich von seiner Frau Seresch raten, einen gigantischen Galgen zu errichten, an dem Mordechai aufgeknüpft werden soll. Seines Sieges sicher will er am nächsten Morgen vor den König treten und erwirken, dass er den Plan auch exekutieren kann.

Hamans Worte wenden sich gegen ihn
Genau in dieser Nacht aber ist dem König bewusst geworden, dass er sich seinem Wohltäter Mordechai nie erkenntlich gezeigt hat für dessen lebensrettende Intervention im Fall des Mordkomplotts der beiden Eunuchen. Der Bruch im Erzählzusammenhang, der zwischen der Notiz über die Aufdeckung des Mordplans (2,23) und die Beförderung Hamans (3,1) zu bemerken war, wird hier überbrückt: der König ist bereit, das Versäumte nachzuholen. So kommt es, dass Haman dem König eine Zeremonie vorschlägt, von der er annimmt, dass der König sie ihm zugedacht habe, die er dann aber an seinem Todfeind Mordechai durchführen muss (Kap. 6). Hatte Haman im Kreis seiner Freunde und seiner Familie den Sturz Mordechais bereits gefeiert, so erlebt er nun selbst eine extreme Demütigung, die sich im Bühnenbild darin niederschlägt, dass er, gleichsam in der Rolle des Pferdeknechtes, den Mordechai, angetan mit königlichen Gewändern und auf dem königlichen Ross reitend, durch die Stadt führen muss. Die Szene lebt in ihrer untergründigen Komik davon, dass die Lesenden mehr wissen als Haman und gleichsam zusehen können, wie seine eigenen Worte sich gegen ihn wenden.

Seresch als Frau Torheit
Als Haman nach Hause zurückkehrt und davon berichtet, kommentiert Seresch dies mit einem Wort, das de facto das Ende ihres Mannes bereits vorwegnimmt (6,13). Seresch, die Frau des Haman, ist damit, so scheint es, in der Rolle der „Frau Torheit", der Gegenfigur zur Weisheit aus dem biblischen Buch der Sprichwörter (vgl. Spr 9): der Rat von Frau Torheit führt in den Tod.

4. Ester entlarvt Haman (Kap. 7)

Vorerst gewinnt Haman seine Fassung wieder, als er von den königlichen Dienern nun auch zum zweiten Gelage bei der Königin abgeholt wird (6,14), und ahnt nicht im geringsten, das das geradezu prophetische Wort seiner Frau nun durch das Wort einer anderen Frau, der Königin, seiner Erfüllung nahe ist.

Ester, die geschickte Rednerin
Ester wählt eine geschickte Redestrategie. Sie gibt dem König zu verstehen, dass sie und mit ihr ihr ganzes Volk in tödlicher Gefahr sind (7,3f). Sie verbindet das Problem des drohenden Völkermords mit ihrer Person, da sie jetzt sicher sein kann, dass der König wieder an ihr Interesse hat, aber auch vermuten muss, dass nur über diesen Weg seine Aufmerksamkeit auf das politische Problem zu lenken ist, hat er doch seinerzeit gegenüber Haman das jüdische Volk der Vernichtung preisgegeben, ohne wissen zu wollen, um welches Volk es sich überhaupt handelt. Und in der Tat, Esters Strategie, das Politische zu personalisieren und dadurch den König zu politischem Handeln zu bringen, geht auf; Achaschwerosch will den Namen des Feindes wissen.

Leerstelle Wut – und ein doppelter Irrtum
Die Reaktion des Königs auf die Nennung Hamans ist Wut – aber Wut auf wen, das lässt die Erzählung hier offen. Ist Achaschwerosch wütend auf seine Königin, die ihm die Feierlaune verdirbt, ist er wütend auf Haman, seinen engsten Vertrauten, von dem er sich nun betrogen sieht, oder ist er womöglich wütend auf sich selbst, dass er das Spiel nicht durchschaut hat? Wütend verlässt er den Ort des Festgelages; Haman aber deutet die Reaktion sehr eindeutig als Zorn des Königs auf ihn; er ist nicht mehr in der Lage, kühl zu überlegen und an seine eigene Stärke zu glauben. Er versucht nun das einzige, was ihm in dieser Situation noch zu bleiben scheint, er versucht die Königin um Gnade zu bitten. Er ist es jetzt also, der sich klein macht in seinem Bittgestus, indem er sich über das Sofa wirft, auf dem die Königin zu Tisch liegt. Und genau das sieht der König, als er wiederkommt, und deutet es als versuchte Vergewaltigung. Jetzt erst, so scheint es, fällt bei ihm die Entscheidung, wem er glauben soll: sein Vertrauter vergreift sich an dem kostbarsten Objekt seiner Macht. Damit hat dieser sich vor den Augen des Königs bloßgestellt, und er, der Herrscher, kann jetzt ohne Gesichtsverlust Haman ausschalten. Ester ist klug genug, den Wahrnehmungsirrtum ihres königlichen Eheherrn nicht aufzuklären, sondern so stehen zu lassen.

IV. Der dreifache Schluss des Esterbuches (Kap. 8-10)

1. Ester bewirkt mit Mordechai die Rettung des jüdischen Volkes (Kap. 8)

Kap. 8 beginnt mit einer betonten Zeitangabe: „an diesem Tag". Es ist der Tag, an dem nun öffentlich wird, dass sich das Geschick des jüdischen Volkes völlig gewandelt hat.

Mordechai anstelle Hamans
Hatte Haman beabsichtigt, an einem bestimmten Tag, den er durch das Los ermittelt hatte, alle Juden umbringen zu lassen (3,7), so ist nun der Tag der Rettung gekommen. Ester, die hier betont als Königin bezeichnet ist, erhält vom König das „Haus" des Haman, d.h. seinen Besitz, aber auch die Verfügungsgewalt über seine Familie. Sie erhält damit als Königin die Möglichkeit, politische Konsequenzen im „Fall Haman" zu ziehen. Eine erste Konsequenz ist die, dass sie Mordechai „über das Haus Hamans setzt". Damit installiert sie ihn auf ihre Weise zum Nachfolger Hamans, so wie der König selbst dies durch die Übergabe seines Siegelringes an Mordechai vollzogen hatte (8,1-2).

Gelingt die Rettung des jüdischen Volkes?
Am Ende von Kap. 7 war deutlich geworden, dass den König nach wie vor nicht das jüdische Volk interessiert, sondern er auf die Symbole seiner Macht und die Wahrung seines kontrollierenden Zugriffs fixiert ist. Und deshalb auch muss die Geschichte weitergehen, ist das jüdische Volk jetzt noch nicht gerettet, und vielleicht geht die Geschichte deshalb gerade auf die Weise weiter, dass sich nun Ester erstmals dem König zu Füßen wirft (8,3). Jetzt hilft nur noch *dieser* Weg des Flehens um Gunst, jetzt kann nicht mehr auf irgendein Eigeninteresse des Königs gesetzt werden.

Ester hat Erfolg
Immerhin versucht Ester auch jetzt noch einmal, das Schicksal ihres Volkes an ihre Person zu binden, indem sie dem König vor Augen stellt, dass sie es nicht ertragen könne, dem Schicksal ihres Volkes seinen Lauf zu lassen (8,6). Die Reaktion des Königs zeigt ihr, dass sie auch jetzt Erfolg hat: er macht sich ihr Problem zu eigen, deutet den Tod Hamans als Strafe nicht mehr für eine versuchte Gewalttat gegen die Königin, sondern für dessen bösen Pläne gegen das jüdische Volk, und er gibt Ester zusammen mit Mordechai weitgehende Vollmacht, nun ihrerseits ein Edikt zu verfassen. Ester ist erneut betont als Königin bezeichnet, Mordechai als Jude (8,7) – beide zusammen, die Vertreterin

der Staatsmacht und der Vertreter des bedrohten Volkes (aber auch: die jüdische Frau und der durch den König und die Königin zu Macht und Ehren gekommene Mann), können nun rettend aktiv werden.

Das Gegenedikt
Der Inhalt des Gegenedikts (8,11) ist in seinem Wortlaut deutlich am Mordedikt Hamans (3,13) orientiert. Es gestattet der jüdischen Bevölkerung, „sich zu versammeln und für ihr Leben einzustehen, zu vernichten, umzubringen und auszurotten alle (Streit-)Kraft eines Volkes und einer Provinz, die sie bedränge, Kind und Frauen, und ihre Beute zu plündern". Hier ist eine genaue Übersetzung des hebräischen Textes wichtig, denn dann wird deutlich, dass das Edikt Esters und Mordechais das Edikt Hamans gerade nicht einfach umkehrt, sondern wichtige Einschränkungen enthält. Die jüdischen Menschen sollen für ihr Leben einstehen, d. h. sich verteidigen; sie sind nicht selbst die Angreifenden wie Haman und seine Helfershelfer. Die drei Vernichtungsverben „vernichten, umbringen, ausrotten", die das Hamanedikt gegen das ganze jüdische Volk benutzt, sind in Esters und Mordechais Edikt beschränkt auf die „Kraft", d. h. die „Streitkraft", das Heer eines Volkes, und zwar wiederum im Fall eines Angriffs. Der Zusatz „Kind und Frauen", der im Hamanedikt ausdrücklich auch die Frauen und Kleinkinder des jüdischen Volkes in die Vernichtung einschloss, ist hier nicht auf die Familien der Feinde bezogen, sondern wiederum auf die jüdische Seite: werden sie, die Juden mitsamt Kindern und Frauen, von einer Streitmacht bedrängt, so sollen sie für ihr Leben einstehen.

Die Veröffentlichung des Edikts löst den Bann
Die drei Schlussverse halten (8,15-17) fest, dass bereits die bloße Veröffentlichung dieses neuen Edikts den Bann löst: man jubelt in Susa dem Mordechai zu, der nun auch durch seine prächtige Gewandung als der zweite Mann neben dem König sichtbar wird, im ganzen Land bricht aber auch die jüdische Bevölkerung bereits in Freude und Jubel aus, und es gibt sogar nicht wenige Nichtjuden, die sich sicherheitshalber dem jüdischen Volk anschließen. Was darunter genau zu verstehen ist, wird nicht erläutert; da im ganzen hebräischen Esterbuch (anders als in der Septuagintafassung) nirgendwo von jüdischer Lebensweise oder jüdischen Glaubensüberzeugungen die Rede ist, bleibt offen, wie sich der Erzählerkreis das „Jüdischwerden" vorgestellt hat. Sicher aber ist, dass dies keine religiöse Konversion aus Überzeugung ist, sondern schlichter Opportunismus aus Angst um das eigene Leben unter den nun so offensichtlich geänderten Machtverhältnissen. Aber der Effekt ist entscheidend: allein die

Veröffentlichung des Ediktes bewirkt bereits auf breiter Ebene eine veränderte Situation, ermöglicht den Bedrohten das erleichterte Aufatmen und veranlasst bisher vielleicht Unbeteiligte, aber vielleicht auch solche, die heimlich oder offen zunächst dem Vernichtungsedikt zugestimmt haben, nun zu einer klaren Distanzierung von Gewalt.

2. Kap. 8 und 9 in kritischem Dialog

Das Esterbuch könnte mit Kap. 8 abschließen – es folgt aber Kap. 9. Liest man die beiden Kapitel hintereinander, so *kann* man sie natürlich verstehen als die Schilderung von zwei Phasen: erst wird das Gegenedikt erlassen, und dann kommt der eine entscheidende Tag, den Haman per Schicksalslos als Tag der Vernichtung festgelegt hatte, an dem sich aber nun definitiv das Los des jüdischen Volkes zum Positiven wendet.

Diplomatie oder Kampf?

Man *könnte* die beiden Kapitel aber auch verstehen als zwei unterschiedliche Versuche, das Esterbuch zu Ende zu führen, man könnte sie als *Alternativen* lesen, die sich gegenseitig kritisch ins Wort fallen: Kap. 8 schildert die Entspannung, die nach dem Tod des Widersachers eintritt und im wesentlichen möglich wird durch bürokratische bzw. diplomatische Mittel. Kap. 9 aber stellt sich dem Problem, dass die Welt so meist nicht funktioniert und dass in der Realität nur allzu oft erzählt werden muss von Kampf und Blutvergießen. Kap. 9 geht sogar noch einen Schritt weiter und verschweigt nicht, dass die Möglichkeit, als bedrängte Gruppe nun „oben" zu sein, eine eigene Form von Genugtuung bedeuten kann. Nicht zuletzt dieser Zug in Kap. 9 ist es, der heutigen Lesern und Leserinnen Schwierigkeiten bereitet. Wenn wir Kap. 8 und Kap. 9 als zwei gegensätzliche Versuche verstehen, über das Ende einer tödlichen Bedrohung zu erzählen, wird es möglich, Kap. 9 im Licht von Kap. 8 zu kritisieren, aber sich auch mithilfe von Kap. 9 daran zu erinnern, dass ein gewaltfreies Happy end in der Gefahr steht, die Brutalität realer Verhältnisse zu verharmlosen.

Ziel: das Ende des Krieges

Das neunte Kapitel des Esterbuches folgt einem bestimmten Aufbau: in den ersten 15 Versen geht es um blutige Kämpfe, in die Mordechai wie auch Ester verwickelt sind. Die Verse 16-19 schildern den Übergang von den Kämpfen zur Ruhe in Land und Stadt, und der große Abschnitt, der die Verse 20-32 umfasst, bringt wiederum Mordechai und Ester ins Spiel mit ihren Erlassen zum Purimfest, das das Geschehene im jüdischen Volk verankern soll. Dieser Gesamtaufbau zeigt, dass Zielpunkt des Erzählten nicht der blutige Triumph ist, sondern das alljährlich zu feiernde Fest, nicht der Krieg, sondern das Ende des Krieges.

Ein ausgewogenes Geschlechterverhältnis
In Kap. 8 ist anfangs Ester noch sehr aktiv und schreibt zusammen mit Mordechai das Gegenedikt, verschwindet dann aber von der Bühne zugunsten von Mordechai in seinen königlichen Kleidern. In Kap. 9 dagegen erscheint Ester zweimal neben Mordechai, und das letzte Bild dieses Kapitels ist Ester, die Königin (!), deren Befehl (!) das Purimfest in Kraft setzt (9,31-32). Der Duktus der beiden Kapitel zusammen erteilt Königin Ester gleichsam das erste und das letzte Wort, oder auch: das Zurücktreten Esters in Kap. 8 wird aufgefangen durch den letzten Blick auf Ester in Kap. 9. Im Blick auf die Darstellung des Geschlechterverhältnisses der beiden jüdischen Hauptdarsteller des Buches scheint Kap. 9 als Korrektur oder Alternative zu Kap. 8 verstehbar zu sein.

3. Zwei Tage des Kampfes (Kap. 9,1-19)

Im ersten Abschnitt des Kapitels, in den Versen 1-10, geht es um den einen Tag, der der Tag der Vernichtung werden sollte, nun aber ein Tag des Widerstands werden kann.

Kollektivdenken
Er wird hier verknüpft mit der Nennung des Namens Mordechai und der Betonung, dass er ein großer Mann am Hof und im Reich geworden war. Und er wird verknüpft mit dem Tod auch der Söhne des Haman, die alle zehn mit Namen genannt werden. Dieses Motiv erklärt sich auf dem Hintergrund des altorientalischen und auch heute im Orient lebendigen Kollektivdenkens: was das Oberhaupt einer Familie tut, zieht die ganze Familie in Mitleidenschaft, oder umgekehrt: der einzelne hat wenig Bedeutung als Einzelner, aber fast all seine Identität und Bedeutung als Mitglied seiner Familie. Dieses Kollektivdenken ist auch im heutigen Vorderen Orient sehr lebendig, sonst könnten nicht palästinensische Väter stolz vor der Kamera oder den Zeitungsjournalisten erzählen, dass es ihr Sohn war, der soeben in einem Selbstmordattentat umgekommen sei, sonst könnten aber auch gewiss die jüdischen Siedlerfamilien keinen Tag ihre Kinder der Unsicherheit des Lebens in den Siedlungen aussetzen. Solche Hinweise können verständlich machen, warum erzählt wird, dass auch

die Söhne des Hauptdrahtziehers nun zur Rechenschaft gezogen werden, zumal, wenn man sie sich als bereits erwachsene Männer vorstellen darf.

Esters zweiter Tag

Nachdem der durch das Edikt erlaubte eine Tag der Verteidigung vorbei ist, erbittet Ester vom König einen zweiten Tag des Kampfes. An dieser Bitte Esters haben sich immer schon die christlichen Kommentatoren gestoßen, und sie bleibt schwer verständlich, gerade auch wenn man nicht in die gängige christlich-antijüdische Polemik verfallen will, die das Esterbuch als Dokument jüdischen Nationalismus und jüdischer Rachsucht abtut. Folgende Überlegungen versuchen, dem Esterbuch hier historische Gerechtigkeit widerfahren zu lassen, ohne das Erzählte damit schon als Empfehlung für heutige Politik beschönigen zu wollen!

Blutrache?

Die gängige Assoziation bei Vergeltung oder Rache, die an blinde, überheizte Emotionen denken lässt, bei denen es um Heimzahlen um jeden Preis geht, führt historisch und kulturvergleichend in die Irre. Die Blutrache ist vielmehr gedacht als eine rechtliche im Sinne von Ordnungsstrukturen schaffende Regelung, die gerade bereits einen Schutz vor blindem Blutvergießen bietet, denn es darf nur genau soviel Blut fließen, wie vorher vergossen wurde (eben das bedeutet auch der in diesem Zusammenhang viel zitierte Satz „Auge um Auge"). Gerade dann aber, wenn es bei Rache um die Verhältnismäßigkeit der Gegenreaktion geht, kann die Frage präzisiert werden: ist Esters Forderung des zweiten Tages verhältnismäßig?

Auch Frauen sind in den Kampf verwickelt

Ein *erster* Gedanke dazu: Der Verteidigungskampf der Juden im gesamten persischen Reich an jenem einen Tag wird in Kap. 9,2-5 durchgehend mit Mordechai in Verbindung gebracht. Der Kampf in der Stadt bzw. Burg Susa dagegen wird noch einmal explizit auch auf Ester bezogen (9,11f). Man könnte den Eindruck gewinnen, dass es erzählerisch auf Mordechai und Ester verteilt werden soll, wie die Jüdinnen und Juden der Gefahr gegen sie Herr werden. Ester steht nicht nur mit Mordechai für das Schreiben des Gegenedikts ein, sondern sie steht auch mit Mordechai auf der Seite des Kampfes. In beiden Hinsichten verweigert der Text eine geschlechtsspezifische Rollenverteilung; er verweigert damit aber auch die Vorstellung, dass Frauen sich in einer solchen Situation aus der Affäre ziehen können, ohne schuldig zu werden.

Ester als kriegerische Kämpferin gegen Amalek

Ein *zweiter* Gedanke bezieht sich auf die Bezüge zwischen Esterbuch und Amalek-Geschichten. Es könnte sein, dass Ester so etwas darstellt wie den Propheten Samuel in der Saulgeschichte. Saul hatte den Kampf gegen Amalek nur unvollständig geführt; Samuel vollendet ihn in aller Härte. Esters zweiter Tag will sichergehen, dass auch ja kein Vertreter Amaleks mehr übrigbleibt. Dadurch erhält Ester Züge einer kriegerischen Frau und entspricht damit den Vorstellungen von der kriegerischen Göttin Ischtar, an deren Namen ihr Name anklingt. Aus der schüchternen, lieblichen, passiven Ester ist damit am Ende des Buches nicht nur die aktive, zielbewusste und listenreiche Frau, sondern sogar die kriegerisch-göttliche Frau geworden! Das muss man nicht als eine Art „Heiligsprechung" von Gewalt verstehen, aber man wird doch darüber nachdenken müssen, dass in der Gestalt von Göttinnen nicht nur das Lebensspendende, Schützende und Nährende zum Tragen kommt, sondern auch das Kämpferisch-kriegerische, ja Zerstörerische, und dass auch Frauen sich der Auseinandersetzung damit nicht entziehen können.

Die Aura des Bösen bekämpfen

Ein *dritter* Gedanke geht von der Vorstellung im Alten Israel aus, dass gute wie böse Taten gewissermaßen eine Aura um sich verbreiten, um sich greifen, anstecken. Wenn Böses bekämpft werden soll, muss diese Aura mit im Blick gehalten werden. Der böse Plan des Haman aber hatte von Susa, der Stadt, seinen Ausgang genommen und muss vielleicht auch deshalb hier doppelt bekämpft werden, um ihn ein für alle Mal zu stoppen. Eine Vorstellung wie diese mag heute archaisch und nicht mehr nachvollziehbar wirken; sie sollte aber zunächst einmal zur Kenntnis genommen werden, um ein historisch gerechtes Urteil über diesen Text zu fällen. Sie war in ihrer Welt eine Form des Gerechtigkeitsdenkens und zeigt, dass auch hier noch eine Begrenzung des Blutvergießens, nicht seine Ausweitung im Blick ist.

Der zweite Tag – auf Susa begrenzt

Ein *letzter* Gedanke geht davon aus, dass sich der Schlüssel für den zweiten Kampftag am Ende der Erzählung (9,19-20) findet. Mit diesem weiteren Tag erklärt das Esterbuch den Brauch, wonach das Purimfest in den Dörfern einen Tag früher als in den Städten gefeiert wird: Im Umland hatte das Blutvergießen schon nach einem Tag ein Ende, in der Hauptstadt erst nach zwei Tagen. So gesehen geht es also wiederum nicht darum, von Ausweitung der Gewalt zu erzählen, sondern in Form einer ätiologischen, d.h. die Ursachen erklärenden Erzählung den Grund dafür zu liefern, dass die Gewalt nicht schon an einem Tag zu Ende war, dass man nicht schon überall gleich am zweiten Tag mit dem Purimfest beginnen konnte.

In der Gesamtstruktur des 9. Kapitels jedenfalls ist der zweite Tag der Ester einerseits einer, an dem die Ruhe im Umland bereits beginnt, und andererseits der Vortag der Ruhe auch in Susa – Kampf und Ruhe schieben sich nicht erst im Abschnitt 9,16-19, sondern schon hier, am zweiten Tag der Ester, ineinander.

4. Purim (Kap. 9,20-32)

Die letzten dreizehn Verse des 9. Kapitels kreisen in großer Ausführlichkeit um das Purimfest. Der Name dieses Festes wird erklärt mit dem Wort *Pur*, einem persischen Wort, das übersetzt wird mit „Los" und bezogen wird auf das Schicksalslos, das Haman geworfen hatte, um den für seinen Vernichtungsplan günstigsten Tag zu bestimmen (vgl. 3,7).

Purim – Erinnerung an Rettung aus tödlicher Bedrohung
Der Name des Festes hält demnach die Erinnerung an die tödliche Bedrohung fest. Auch die Erzählung der Verse 9,24-25 fasst rückblickend die bedrohlichen Seiten des Geschehenen noch einmal zusammen. Der Brief des Mordechai dagegen, der das Gedächtnisfest einsetzen möchte, hebt ganz auf die Rettung und die erleichterte Freude darüber ab (9,20-23). So scheint Ester ihn auf ihre Weise korrigieren zu wollen, wenn sie mit einem weiteren Schreiben festhält, dass (auch) Fasten und Klageriten zu den Festbräuchen gehören sollen (9,31). Am Ende des Kapitels ist sichergestellt, dass dieses neue jüdische Fest mit der Autorität der persischen Königin Ester und des zweiten Mannes am Hof, Mordechai, Gesetzeskraft erlangt hat.

Jüdische Umprägung eines heidnischen Festes?
Vielleicht ist es richtig, wie manche BibelwissenschaftlerInnen vermuten, dass mit dem Purimfest ein Fest aus dem babylonischen und/oder persischen Kulturraum ins Judentum übernommen wurde, indem es mit der Estergeschichte verknüpft wurde (vergleichbar wäre die christliche Übernahme des römischen Festes des unbesiegbaren Sonnengottes als Geburtsfest Christi/Weihnachten). Umgekehrt aber wäre so aus diesem Fest wiederum eine Art „Erinnerungszeichen" des jüdischen Volkes für sich selbst und für die Völker der

Welt geworden: Erinnerung an eine Judenfeindschaft, die sich bis zum Plan eines staatlich verordneten Völkermords steigern konnte, Erinnerung aber auch daran, dass dies abgewendet werden konnte durch den beherzten Einsatz jüdischer Menschen, die zur richtigen Zeit am richtigen Ort das Richtige taten.

Purim – Fest der Maskierungen und Demaskierungen
Vielleicht ist damit aber noch nicht alles gesagt. Purim, das Fest, an dem Klage und Trauer in Freude und Festmahl gewendet wurde, hat sich in der späteren jüdischen Tradition mit karnevalistischen Bräuchen verbunden. Von daher wird es wiederum möglich, die Estergeschichte noch einmal in anderem Licht zu verstehen. Die Erzähler (und Erzählerinnen?) der Geschichte scheinen ihren Heldinnen und Helden immer wieder neue „Kostüme" anzuziehen oder ihnen neue „Masken" aufzusetzen. Waschti will die Krone nicht tragen, um vor den König geführt zu werden, und verliert ihre Königswürde; Ester dagegen trägt das königliche Diadem. Haman erhält den Siegelring des Königs und damit seine Macht; er wird uns aber nirgendwo im Esterbuch als jemand vorgeführt, der prächtige Kleider trägt, die seinen hohen Rang sichtbar machen. Stattdessen sehen wir ihn vor dem König von solchen Gewändern träumen, die er schließlich seinem ärgsten Feind Mordechai anlegen muß. Am Schluss des Buches trägt Mordechai Turban und königlichen Mantel, und er hat auch den Ring des Königs. In der Zeit der Bedrohung aber hatte Mordechai die prächtigen Kleider abgelehnt, die Ester ihm reichen wollte. Ester dagegen legt den königlichen Ornat gerade in dieser Zeit der Not an; sie bekleidet sich gleichsam mit königlicher Macht, als sie sich zum König begibt, um ihr Volk zu retten. Ester ist hier zugleich persische Königin und jüdische Frau in persischem Gewand. Diese „Maskeraden" auf der Bühne des Textes können dazu anregen, gerade auch die Kampfszenen des 9. Kapitels im Sinne einer „Demaskierung" zu lesen: tragen hier nicht die Juden, die das Schwert schwingen, die Masken ihrer Feinde, oder anders gesagt: sollen die jüdischen Hörerinnen und Hörer der Geschichte nicht verstehen, daß die Reaktion auf jüdischer Seite um nichts besser ist als das, was die Feinde des jüdischen Volkes vorhatten? Ein solches Verständnis des Ester-Schlusses, das von manchen modernen jüdischen AuslegerInnen des Esterbuches vertreten wird, schafft Raum dafür, die nahe liegende Reaktion einer bloßen, zumal mit blutiger Gewalt erzwungenen Umkehr der Machtverhältnisse kritisch zu hinterfragen.

IV. Der dreifache Schluss des Esterbuches (Kap. 8-10)

5. Rückkehr in den Alltag (Kap. 10)

Die knappen Verse des letzten Kapitels schlagen gleichsam den Bogen zum Anfang des Esterbuches zurück.

Ein „Fuß in der Tür" für das jüdische Volk
Wieder richtet sich der Scheinwerfer auf Achaschwerosch und seine Herrschaft. Stand er am Anfang des Buches aber allein im Zentrum seiner Pracht und Macht und kam die Erwähnung des Judentums erst ab 2,5 ins Spiel, so ist hier die Größe des Königs und die Größe Mordechais in einem Satz, gewissermaßen in einem Atemzug genannt. Der entscheidende Unterschied zum Anfang ist also der: jetzt hat das jüdische Volk politisch „einen Fuß in der Tür", um zu verhindern, dass es wieder eine Situation gibt wie die eben durchstandene. Insofern macht das Buch am Schluss sein politisches Programm sehr deutlich: Juden müssen in der Diaspora Einfluss auf die Herrscher gewinnen, möglichst auch Ämter mit Entscheidungsbefugnis bekleiden, um dafür Sorge tragen zu können, dass sie überleben. Denn Antisemitismus gibt es überall.

Die Strukturen bleiben – aber auch das Fest
Das 10. Kapitel beginnt mit der Bemerkung, der König habe eine Fron auf das Land gelegt. Eine Fron ist eine Maßnahme, bei der Menschen als Arbeitskräfte, besser wohl Arbeitssklaven im Dienst des Königs eingesetzt werden. Der König lässt also erneut Menschen einsammeln, wie im 2. Kapitel die jungen Frauen zu seinem Vergnügen. Der Alltag, die politische Realität im Perserreich hat sich vom Anfang bis zum Ende der Erzählung nicht verändert, so könnte man schließen. Fragt man in diesem Sinne genauer nach, ob sich denn im Geschlechterverhältnis etwas geändert habe, muss wohl auch diese Frage verneint werden – die Strukturen haben sich nicht geändert; vielleicht ist bezeichnend dafür, dass ganz am Schluss des Buches der Name der Ester auch nicht mehr vorkommt. Aber es gibt immerhin dieses neue Fest, das erinnert an eine Rettung, das Hoffnung vermittelt und das verbunden bleibt mit der Tat einer Frau, die in einer Krisensituation über sich selbst hinauswuchs.

IV. Der dreifache Schluss des Esterbuches (Kap. 8-10)

Im Gespräch mit dem Exodusbuch

Gerade über das Motiv der Fron lässt sich am Ende des Buches noch einmal ein sehr spannender innerbiblischer Textbezug herstellen. Die Rede von der Fron, die Achaschwerosch auferlegt, spielt ein Motiv aus dem Anfang des Exodusbuches ein; der ägyptische Pharao legt eine Fron auf Israel (Ex 1,11). Im Exodusbuch steht dieses Motiv am Anfang einer Erzählung, die dann weiterläuft über die Geburt und das Heranwachsen des Mose, der schließlich zu der Retterfigur wird, die das Volk Israel aus dem Sklavenhaus Ägypten herausführt. Im Exodusbuch ist die Fron das negative Kontrastbild zur Befreiung durch den Auszug aus Ägypten. Hier, im Esterbuch aber schließt die Erzählung mit der Notiz, es sei eine Fron auferlegt worden. Das unterstreicht noch einmal die harte, brutale Realität, in der sich Juden und Jüdinnen nach wie vor sehen. Andererseits kann man von diesem Motiv der Fron und dem damit gegebenen Einspielen von Ex 1 aufmerksam werden darauf, dass überhaupt das Esterbuch in einem recht dichten textverknüpfenden Gespräch mit dem Exodusbuch steht, genauerhin mit den in Ex 1-15 zusammengefassten Geschichten.

- Auch hier geht es um eine Notsituation des jüdischen Volkes, das von Ausrottung bedroht ist, dessen Arbeitspensum unerträglich erhöht wird durch die Fronaufseher des Pharao und dessen neugeborene Knaben schließlich sogar in den Nil geworfen werden sollen.
- Auch in Ex 1-15 ersteht eine Retterfigur, die aus bescheidenen jüdischen Verhältnissen stammt und durch wunderbare Umstände an den Hof des Herrschers kommt, der kleine Mose, den seine Mutter im Binsenkörbchen aussetzt und den die Tochter des Pharao findet und adoptiert.
- Auch in Ex 1-15 ist die Retterfigur eine, die zunächst zögert, als sie von Gott gerufen wird, vor den Pharao zu treten und die Freilassung Israels zu verlangen. In diesen beiden Zügen ähneln sich Mose und Ester.
- Auch in Ex 1-15 findet sich einer, der mutiger und wortgewandter ist und den Mose unterstützt, nämlich sein Bruder Aaron: man könnte in diesem Punkt die Rolle des Mordechai gegenüber Ester mit der des Aaron gegenüber Mose vergleichen.
- Auch Mose erreicht schließlich die Rettung Israels, wie Ester.
- Und schließlich: so wie das Esterbuch auf das Purimfest zuläuft, so steht mitten in der Exodusgeschichte das Kapitel 12, in dem erzählt wird, wie die IsraelitInnen in den Familien das Pessachfest feiern vor ihrer Flucht aus Ägypten.

IV. Der dreifache Schluss des Esterbuches (Kap. 8-10)

Purim und Pessach

Man kann Ex 1-15 als Festlegende des Pessachfestes sehen, wie ja auch bis heute beim jüdischen Pessachfest die Exodusgeschichte vorgelesen und nacherzählt wird. Das Datum des Purimfestes genau einen Monat vor Pessach kann sogar zu dem Gedanken führen, ob nicht hinter dem Esterbuch das Programm gestanden hätte, das Purimfest als Alternative zum Pessachfest einzuführen: was Pessach für das Mutterland, ist Purim für die Diaspora.

Wenn das so gemeint gewesen sein sollte, dann hat sich dieses Programm jedoch nicht durchgesetzt: schon im antiken Judentum hat man die beiden Traditionen und Feste der Errettung nebeneinander gestellt und scheint Purim neben Pessach gefeiert worden zu sein.

V. Das hebräische Esterbuch – ein gott-loses Buch?

1. Spuren von Gottes Gegenwart im Esterbuch

Beim bisherigen Achten auf die Figuren des Esterbuches blieb die Gottes-Frage ganz ausgeklammert. Keine der Figuren auf der Bühne bringt ja Gott direkt ins Spiel, und auch in der Erzählung als ganzer kommt die Bezeichnung Gottes nicht vor. Trotzdem aber gibt es eine Reihe von Hinweisen dafür, dass der jüdische Erzählerkreis des Esterbuches davon überzeugt war, dass Gott hinter diesen Geschehnissen steht.

Sack und Asche als Aufschrei zu Gott
Eine erste Reihe von Hinweisen findet sich im 4. Kapitel des Buches. Die Trauerzeichen, die Mordechai anlegt, als der Vernichtungsbefehl bekannt wird, Sack und Asche (4,1), drücken zwar zum einen seine Solidarität mit der Notsituation seines Volkes aus, sind aber in ihrer Bedeutung darin nicht erschöpft. Durchweg ist in der hebräischen Bibel das Zeichen von Sack und Asche auch ein Zeichen Gott gegenüber, das die eigene Notsituation ausdrückt und Gott um sein Eingreifen bitten möchte. So wird man auch im Esterbuch hinter den Klageriten des jüdischen Volkes den Aufschrei zu Gott mithören dürfen. Dass im Esterbuch davon nicht ausdrücklich erzählt wird, bedeutet nicht, dass fromme jüdische HörerInnen oder LeserInnen diese Dimension nicht bemerkt hätten. Man musste oder wollte nicht ausdrücklich davon sprechen – wollte man den LeserInnen oder HörerInnen die eigene Deutung offenhalten? Oder war der Bezug so selbstverständlich, dass er gar nicht überlesen werden konnte? Oder gab es bestimmte Gründe, die eigene jüdische Identität in dieser Erzählung nicht zu offensiv in den Vordergrund zu stellen? Auch hier stoßen wir auf eine Leerstelle, deren Füllung nicht eindeutig möglich ist.

Fasten als Bitte um Gottes Beistand
Auch die Bitte Esters, das ganze Volk möge mit ihr fasten (4,15f), ist vordergründig eine Bitte um Solidarität mit ihr vor ihrem lebensgefährlichen Gang zum König. Ester bittet um diese Geste, um daraus für sich Kraft schöpfen zu können. Aber auch das Fasten gehört im alten Israel zu den Klage- und Trauerriten, deren Adressat Gott ist. Auch mit ihrem Fasten, so kann man deshalb weiterdenken, richtet sich Ester indirekt an Gott, auch hier mit der Bitte um Beistand. Dadurch aber, dass diese Dimension nicht ausgesprochen ist, wird, so könnte man sagen, der aktive Anteil Esters am Rettungswerk in den Vordergrund gestellt.

V. Das hebräische Esterbuch – ein gott-loses Buch?

Hilfe „von einem anderen Ort"
Möglicherweise ist ein dritter Hinweis auf den Glauben an die verborgene Gegenwart Gottes im 4. Kapitel zu entdecken. Wenn Mordechai Ester ausrichten lässt, dem jüdischen Volk werde Hilfe „von einem anderen Ort" erstehen, wenn sie nicht bereit sei zu helfen (4,14), dann klingt hier eine Gottesbezeichnung an, wie sie in der späteren jüdischen Tradition wichtig wird, die den Gottesnamen JHWH vermeidet und stattdessen von „dem Namen oder auch „dem Ort" spricht. Zumindest LeserInnen späterer Jahrhunderte konnten deshalb in Mordechais Worten einen Gottesbezug erkennen: Mordechai ist überzeugt davon, dass Hilfe von Gott her zu erwarten ist.

Glücklicher Zufall – Fügung Gottes
Auch der unwahrscheinliche Zufall, dass der König just in der Nacht keinen Schlaf findet und an die Loyalität Mordechais erinnert wird, als Haman Mordechais Tod plant, kann natürlich – auf der Ebene des Erzählerkreises – als geschicktes Mittel der Komposition betrachtet werden oder auch, auf der Ebene der Handlung, als Zusammentreffen günstiger Umstände, steht aber auch der Deutung offen, dass sich hinter einem solchen glücklichen Zufall das Wirken einer höheren Macht verbirgt. LeserInnen werden nicht gezwungen, die Fügung Gottes hier am Werk zu sehen, sie können diese weltlich wirkende Geschichte aber gut in ihre Glaubensvorstellungen einfügen.

Das Ende aller Wunder
Aber auch umgekehrt: wenn so markant vom rettenden Eingreifen Esters für ihr Volk erzählt wird, darf man dann nicht die Botschaft des Buches gerade so verstehen, dass hier das beherzte Handeln von Menschen in den Vordergrund gestellt wird? Eine jüdisch-rabbinische Tradition kann dem sogar theologische Dimensionen abgewinnen. Warum, so fragt der Talmud, wird Ester der Morgendämmerung verglichen? (Mit dieser Frage ist möglicherweise angespielt auf den Namen Ester, der mit seinem assyrischen oder auch persischen Hintergrund auf den Abend- oder Morgenstern, die Venus, verweist). Die Antwort lautet: so wie die Morgendämmerung das Ende der Nacht ist, so Ester das Ende aller Wunder. Seit der Zeit Esters greift Gott nicht mehr mit Wundern wie etwa zur Zeit der Befreiung aus Ägypten ein; jetzt ist, so wäre weiterzudenken, die Zeit gekommen, in der man sich nicht mehr auf das spektakuläre Eingreifen Gottes verlassen darf, sondern den naiven Wunderglauben verabschieden sollte. Es ist die Zeit gekommen, in der Menschen herausgefordert sind, ihr Schicksal selbst in die Hand zu nehmen, wenn auch weiterhin im Vertrauen auf den Beistand Gottes.

2. Von Gott sprechen – oder schweigen? – nach der Shoah

Das „Gottesschweigen" des hebräischen Esterbuches erhält neue Dimensionen, wenn man es bewusst in unserer Situation nach der Shoah liest und deutet.

Fragen an und für ChristInnen
Der im Esterbuch erzählte Plan der Judenvernichtung ist im Dritten Reich brutale Realität geworden: staatlich legitimiert, technisch durchorganisiert, von ideologischen Drahtziehern, aber auch vielen willigen Vollstreckern in die Tat umgesetzt. Nach der Shoah steht für Christinnen und Christen die Frage an: Wie konnte das in einem der christlichsten Länder der Welt passieren? Was ist mit einem Gottesbekenntnis, das unsensibel war gegen die Entrechtung, Vertreibung, schließlich Ermordung von Nachbarn, nur weil sie jüdisch waren? Haben ChristInnen hier nicht das Angesicht Gottes verdunkelt, verborgen, haben sie nicht durch ihr Tun (und Nicht-Tun) Gott zum Schweigen gebracht? Und brauchen wir nicht in der Tat eine Sprache über Gott und zu Gott, die diesen Teil der Geschichte des Christentums verarbeitet statt schamhaft oder trotzig zu verschweigen?

Fragen von jüdischer Seite
Während und nach der Shoah ist von jüdischer Seite immer wieder die Frage gestellt worden: Wo ist Gott? Hat sich Gott verborgen, wegen der Sünden seines Volkes, wie eine traditionelle jüdische Erklärung lauten könnte? Aber ist diese traditionelle Erklärung nicht eigentlich eine Gotteslästerung angesichts des Mordes an Millionen von Menschen; welcher Gott kann auf diese Weise Leid und Qual wollen? Bleibt dann von Gott nicht nur noch das Bild eines bösartigen Dämons? Ist es nicht besser, die Rede von Gott, den Gottesgedanken, die Hoffnung auf Gott und den Glauben an Gott ganz zu verabschieden, von Gott fortan zu schweigen? Aber auch – dürfen jüdische Gläubige es zulassen, dass dann schließlich doch die, die den Totalangriff auf sie führten, triumphieren, weil es ihnen gelungen ist, die jüdische Glaubensweise ad absurdum zu führen? Müssen Juden und Jüdinnen nicht an Gott festhalten, damit nicht ihre Mörder das letzte Wort behalten?

VI. Das septuagintagriechische Esterbuch

1. Wie verändern die sechs Zusätze die Estergeschichte?

Die auffälligste Veränderung des griechischen Esterbuches gegenüber dem hebräischen sind die sechs Zusätze, die in den katholischen Bibelausgaben, mit den kleinen Buchstaben des Alphabets, in den Text eingeschoben sind und damit dort stehen, wo sie auch in der Septuaginta stehen.

Ein neuer Rahmen

Der erste und der letzte Zusatz (1,1a-r, auch „Zusatz A" genannt, und 10,3a-l, auch „Zusatz F" genannt) geben dem Esterbuch einen neuen Rahmen. Mordechai hat einen Traum, in dem er die Geschehnisse des Esterbuches in verschlüsselter Form sieht (Zusatz A) und am Schluss selbst deutet (Zusatz F). Durch diesen neuen Rahmen erhält das Esterbuch bereits ein sehr anderes Gesicht. Von vornherein ist Mordechai, der jüdische Hauptdarsteller, auf der Bühne – das bedeutet, dass jüdische Menschen, anders als im hebräischen Esterbuch, nicht in den Nischen der Macht leben müssen, sondern bekannt sind und Einfluss haben; es bedeutet aber auch, dass Ester erst weit nach Mordechai die Bühne betritt und dass nicht mehr die Geschichte von Waschtis Weigerung am Anfang steht, dass also Frauenpräsenz zunächst im Hintergrund verbleibt.

Ein kosmischer Konflikt

Vom Anfang des Buches an ist auch Gott „im Spiel", auf den Mordechai seinen Traum zurückführt. Das Geschehen des Esterbuches ist durch den Traum in einen dramatischen Horizont gestellt; es tobt ein kosmischer Kampf zwischen zwei Drachen, dem nur der Eingriff des höchsten Gottes ein Ende bereiten kann. Das septuagintagriechische Esterbuch hat den Ester-Stoff nicht einfach nur „frömmer" machen wollen, wie das manche Ausleger annehmen (und damit indirekt unterstellen, dem hebräischen Esterbuch fehle es an Frömmigkeit!). Vielmehr sieht es die Estergeschichte als Teil eines weltumfassenden Konflikts, in den alle Völker der Erde und sogar mythische Monster einbezogen sind und der deshalb auch nicht mit Menschenkraft zu bestehen ist. Auch die Eigenständigkeit der beiden menschlichen Akteure Ester und Mordechai kann in einem solchen Horizont, da das Bestehen des Kosmos als ganzem in Frage steht, nicht mehr so stark hervorgehoben werden.

VI. Das septuagintagriechische Esterbuch

Theologischer Freimut
Das kommt auch sehr deutlich in den beiden Gebeten Mordechais und Esters („Zusatz C"; 4,17a-z) zum Ausdruck. Beide, Mordechai wie Ester, gehen Gott um Beistand an; sie brauchen Gottes Hilfe in diesem gigantischen Konflikt. Andererseits aber legen beide je auf ihre Weise einen ganz erstaunlichen Freimut in ihrem Umgang mit Gott an den Tag. Mordechai zögert nicht deutlich zu machen, dass er Haman die Ehre verweigert hat, um Gott allein die Ehre zu geben, und dass er deshalb auf das Wohlwollen des himmlischen Herrschers setzt, und Ester stellt die tödliche Bedrohung ihres Volkes gar in einen Zusammenhang, in dem es um Sein oder Nichtsein Gottes selber geht! Gerade in den Gebeten Esters und Mordechais zeigt sich, dass die Septuaginta zwar stärker als die hebräische Fassung mit traditionellen Geschlechterstereotypen arbeitet, aber auch ihre Version darin nicht ganz aufgeht.

Geschlechterstereotype
Sehr stereotyp allerdings wirkt „Zusatz D" (5,1a-f.2a-b). Aus den zwei knappen Versen des hebräischen Textes ist eine ausgeführte Szene geworden, die aus der Perspektive Esters ihren Gang zum König, äußerlich höchst prächtig, innerlich aber sehr beklommen zeichnet, die sie zweimal vor dem übermenschlich erscheinenden König in Ohnmacht fallen lässt, die den König aber auch zeichnet als rührend um seine Königin besorgt – und die den Sinneswandel des Königs von aufwallendem Zorn zu freundlicher Milde auf die Intervention Gottes zurückführt und damit in der Tat eine weitere offene Szene im hebräischen Text, die man als glücklichen Zufall deuten kann, interpretatorisch füllt.

Drei Verstehensebenen in den Edikten
Neben den beiden Gebeten sind auch die beiden Edikte („Zusatz B"; 3,13a-g und „Zusatz E"; 8,12a-x) rhetorische Meisterwerke. Das Raffinierte ist, dass man sie auf dreifache Weise verstehen kann:
- *erstens* als Edikte im Namen des Königs, also als Spiegel der persischen Macht – dann zeigen sie einen Herrscher, der nach Treu und Glauben seinem Berater gefolgt ist und eine Gefahr bannen wollte, dann aber seinen Irrtum einsieht und die Ordnung wiederherstellt.
- Zum *zweiten* sind sie aber auch Edikt Hamans und Edikt Esters bzw. Mordechais – dann spiegelt das Hamanedikt die Machtanmaßung des Emporkömmlings und zeichnet seinen Judenhass, während das zweite Edikt das Ende von Hamans Regime festhält und den neuen Status des jüdischen Volkes im persischen Reich deutlich macht.

VI. Das septuagintagriechische Esterbuch

- Und *schließlich* sind beide Edikte verfasst von einem jüdischen Erzählerkreis, der hinter dem griechischen Esterbuch steht – dann spiegeln sie die Erfahrung von Judenhass, wie jüdische Menschen ihn offenbar bereits in hellenistischer Zeit erlebten, aber auch den Wunsch, als Bürger und Bürgerinnen mit ihren eigenen Gesetzen in einem Staatsgefüge wie dem hellenistischen (oder später dem römischen) Großreich leben zu dürfen, ohne ständig im Verdacht zu stehen, staatsgefährdende Ziele zu verfolgen.

2. Was verändert sich durch die vielen kleinen Umakzentuierungen?

Auch im „laufenden" Text des Esterbuches finden sich in der Septuagintafassung viele neue Akzente.

Ester als Modell des jüdischen Volkes

So weigert sich Waschti nun, zu ihrer eigenen Krönung zu kommen, nachdem der König sie eben geheiratet hat. Der Zorn des Königs auf sie wird so verständlich und auch sein Wunsch, eine „bessere", d.h. klügere Frau zu finden. Er findet Ester – sie aber hätte eigentlich Mordechais Frau werden sollen (eine Heirat zwischen Cousin und Cousine stellt für damaliges Empfinden kein Problem dar). Mordechai bittet Ester deshalb, am fremden Hof den Geboten Gottes treu zu bleiben, und Ester befolgt dies. In ihrem Gebet beschreibt sie unter anderem, wie strikt sie ihrer jüdischen Lebensweise treu geblieben ist. Ester wird in der Septuaginta zum Modell eines jüdischen Menschen, der auch unter schwierigen Bedingungen in seiner Lebensweise Gott treu bleiben will. Dass diese Rolle nicht Mordechai, sondern Ester zukommt, ist bemerkenswert – Modell ist nicht ein jüdischer Mann, sondern eine jüdische Frau. Vielleicht ist *ein* Grund für diese Rollenverteilung der, dass Ester als Frau das jüdische Volk in seiner Gesamtheit verkörpern kann, wie dies der Symbolik der prophetischen Schriften entspricht, in denen die Stadt Jerusalem oder auch das Volk Israel als Frau im Gegenüber zu Gott gezeichnet sind.

Spuren Gottes in den Kräften dieser Welt

Außer in den Zusätzen ist an einer weiteren auffallenden Stelle von der Gegenwart Gottes die Rede. Gott ist es, der dem König in jener entscheidenden Nacht, bevor Haman um Mordechais Hinrichtung nachsuchen will, den Schlaf nimmt. Die Septuaginta überlässt die Höhepunkte, an denen über das Schicksal der jüdischen Hauptdarstellenden entschieden wird, nicht dem Zufall oder der Interpretationsfreiheit der LeserInnen, sondern lenkt den Blick auf das Handeln Gottes. Dies geschieht aber nicht einer „platten" Weise, die gleichsam direkt den Finger Gottes in dieser Welt sichtbar macht, sondern in einer Weise, die zeigt, dass der Erzählerkreis über Gott, die unsichtbare Macht über allen Mächten, theologisch verantwortet sprechen möchte: Es sind Mordechai und Ester, die zu Gott oder über Gott sprechen; Gott spricht nirgendwo selbst, wie in vielen anderen älteren Schriften der Bibel. Gott lässt sich auch nicht sehen, sondern wirkt vermittelt über innerweltliche Ursachen. In diesem Sinne könnte man ein theologisches Gespräch zwischen der hebräischen und der septuagintagriechischen Fassung der Estergeschichte sehen: was der hebräische Text offen lässt, vereindeutigt der griechische Text auf Gottes Wirken hin, aber seine Vereindeutigung geschieht wiederum nicht in naiver und kruder Form, sondern so, dass er seinen Lesern und Leserinnen zumutet, die Spuren Gottes in den Kräften dieser Welt zu sehen.

VII. Anregungen für die Bibelarbeit

Beschrieben ist jeweils nur der mögliche Ablauf einer Bibelarbeit; die nötigen Texte, Impulse etc. findet man unter den „Materialien" (**VIII.**).

1. Bibelarbeit:
Annäherungen an die Ester-Geschichte

Der Vorschlag eignet sich für Gruppen, die das Esterbuch noch nicht kennen.

Grundidee:
➡ Die Teilnehmenden lesen sich das Buch gegenseitig vor und kommen über das Gehörte ins Gespräch.
➡ Diese Bibelarbeit kann über mehrere Einheiten (bzw. Abende) verteilt durchgeführt und auch mit den weiteren Vorschlägen kombiniert werden, sie lässt sich aber auch, wenn man sich mit dem Kennenlernen des Inhalts der Geschichte begnügt, auf einen Termin konzentrieren.
➡ Eine Gesprächsleitung, die das Esterbuch kennt und sich mit Auslegungen des Buches z.B. anhand dieser Broschüre beschäftigt hat, ist sinnvoll!

Vorbereitung:
➡ Jede Teilnehmerin/jeder Teilnehmer bringt ihre/seine Bibelausgabe mit. Die Gesprächsleiterin/der Gesprächsleiter sollte sicherheitshalber eine katholische und eine evangelische Bibelausgabe (z.B. Einheitsübersetzung und Zürcher Bibel) zur Hand haben.
➡ Evtl. sollte ein Flipchart/Plakate bereitstehen.

Durchführung
➡ Die Gruppe sitzt im Kreis und hat das Esterbuch in der Bibel aufgeschlagen.

1. Est 1-2
In einer ersten Leserunde geht es um die Kap. 1 und 2 des Buches (ohne den Zusatz zu Beginn des Buches). Sie bilden einen abgeschlossenen Handlungsbogen, der gleichwohl am Ende auch die Frage offen lässt, wie es wohl weitergeht.

VII. Anregungen für die Bibelarbeit

Der Bibeltext wird von denen, die möchten, abschnittsweise vorgelesen. Die Teilnehmenden haben Gelegenheit zur Äußerung von spontanen Eindrücken (die evtl. auf einem Plakat notiert werden) und zur Klärung von Sachfragen. Hier kann schon über das Verhältnis der Estererzählung zu den historischen Gegebenheiten informiert werden (auf der „Bühne" die persische Zeit – historisch die hellenistische Zeit); hier kann auch schon auf die zwei Fassungen des Buches (hebräische/griechische Fassung) in unterschiedlichen Bibelausgaben hingewiesen werden.

Aufbauend darauf werden die vier Einzelszenen (Kap. 1; Kap. 2,1-4; Kap. 2,5-20; Kap. 2,21-23) genauer durchgesprochen, z.B. entlang von folgenden Fragen:
- Wo spielt die Szene jeweils? Wie sind diese Räume/Orte geschildert?
- Welche Personen treten auf? Wie sind sie geschildert?
  Wie sind sie miteinander verbunden?
- Wer redet? Wer redet nicht? Wer übt durch Reden Macht aus auf wen?
- Welche Zeitangaben (Daten; Angaben von Dauer) werden gemacht? Wer hat Macht über die Zeit?
- Achten Sie besonders auf die Verteilung der Geschlechter: welche Rollen sind von Männern besetzt, welche von Frauen?
  Was ist mit den Eunuchen (=Nicht-Männern)?
- Was ist dem Erzählerkreis, der das Esterbuch so auf aufgeschrieben hat, wie es ist, anscheinend wichtig? Was erzählt er nicht und wie erzeugt er „Leerstellen"?
- Wie hängen die vier Szenen miteinander zusammen? Könnte die Geschichte am Ende von Kap. 2 zu Ende sein?
  Wieso?
  Wieso nicht?

→ Während des Gesprächs kann immer wieder auf die notierten ersten spontanen Eindrücke zurückgegriffen werden.

Tipp
Bei Aufteilung auf mehrere Einheiten/Abende ist eine Beschränkung auf Kap. 1-2 sinnvoll und kann hier die Betrachtung der beiden Bilder von F. Lippi angeschlossen werden (vgl. unten **VII.6**).

2. Est 3-7

In einer zweiten Runde kommen die Kap. 3-7 hinzu (auch hier zunächst ohne die Zusätze in Kap. 3, 4 und 5). Auch sie bilden einen abgeschlossenen Handlungsbogen, der allerdings das Problem des drohenden Hamanediktes noch offen lässt.

Wieder wird der Bibeltext von denen, die möchten, abschnittsweise vorgelesen und haben die Teilnehmenden Gelegenheit zur Äußerung von spontanen Eindrücken (die evtl. auf einem Flipchart notiert werden) und zur Klärung von Sachfragen.

Aufbauend darauf werden die Einzelszenen (Kap. 3,1-6.7-15; Kap. 4,1-17; Kap. 5,1-8.9-14; Kap. 6,1-14; Kap. 7,1-10) genauer durchgesprochen, z.B. entlang von folgenden Fragen:
- Wo spielt die Szene jeweils? Wie sind diese Räume/Orte geschildert?
- Wie gehen Ester und Mordechai miteinander um?
- Welches Bild von Haman erhalten Sie?
Wie kennzeichnet er in seiner Rede vor dem König das jüdische Volk? Was sagen Sie dazu?
- Wie beurteilen Sie Esters Verhalten in Kap. 5-7?
- Welches sind die Leerstellen in diesem Teil des Buches, über die Sie sprechen und die Sie füllen möchten?

→ Auch hier kann während des Gesprächs immer wieder auf die notierten ersten spontanen Eindrücke zurückgegriffen werden.

Tipp
Bei Aufteilung auf mehrere Einheiten/Abende ist eine Beschränkung auf Kap. 3-7 sinnvoll und kann hier die Bibelarbeit zum Thema „Kleider machen Leute" angeschlossen werden (vgl. unten **VII.2**).

3. Die Zusätze in Est 3-7 (und in Kap. 1+10)

In der dritten Annäherung werden die Zusätze in Kap. 3-7 sowie auch der neue Buchanfang in Kap. 1 (mit einem kurzen Ausblick auf den neuen Schluss in Kap. 10) einbezogen. Durch sie erhalten die Hauptfiguren des Buches, Mordechai und Ester, Haman und der König ein neues Gesicht.

→ Auch hier wird der Bibeltext abschnittsweise vorgelesen und kann spontan kommentiert werden.

VII. Anregungen für die Bibelarbeit

Die einzelnen Zusätze werden genauer durchgesprochen:
- das Edikt in Kap. 3: Welches Bild des Königs und welches Bild des jüdischen Volkes zeichnet es? Auf welche Weise beeinflusst Haman den König?
- das Gebet des Mordechai: Wie stellt sich Mordechai dar? Wie sucht er auf Gott Einfluss zu nehmen?
- das Gebet der Ester: Wie stellt sich Ester dar? Wie sucht sie auf Gott Einfluss zu nehmen?
- Vergleichen Sie die beiden Gebete: Kann man sagen, dass Mordechai und Ester jeweils typisch für ihr Geschlecht (Mann/Frau) beten?
- die Erweiterung der Szene von Esters Gang zum König: Wie wirkt sie auf Sie? Ist Ester ängstlich oder listig – oder beides? Wie wirkt die Szene, wenn man vorher Esters Gebet gehört hat?
- der neue Buchanfang in Kap. 1: In welchen Punkten verändert er die gesamte Geschichte?

Tipp:
Hier kann die Bibelarbeit zum Gedicht von Rainer Maria Rilke und zum Bild von Konrad Witz angeschlossen werden. Natürlich lässt sich auch das Gedicht von Else Lasker-Schüler einbeziehen (vgl. unten **VII.5 und 6**).

4. Est 8-10
Im vierten Schritt geht es um die Kapitel 8-10, auch hier zunächst ohne die Zusätze in Kap. 8 und am Ende von Kap. 10, dann aber auch unter Einschluss des Zusatzes in Kap. 8. Dieser Schlussteil des Esterbuches nimmt das Thema der drohenden Vernichtung des jüdischen Volkes auf und erzählt über die Einsetzung des Purimfestes als Erinnerung an die Rettung.

Die Vorgehensweise (Verlesen des Textes, Sammeln von Eindrücken) ist die gleiche wie bisher. Auch hier ist es sinnvoll, den einzelnen Abschnitten genauer entlang zu gehen
- Rekonstruieren Sie, in welcher Zwangslage sich der König nach den Angaben von Kap. 8 befindet, als Ester ihn um Rettung ihres Volkes bittet.
- Vergleichen Sie den Wortlaut des Ediktes von Mordechai und Ester (8,11) mit dem Edikt des Haman (3,13) und beschreiben Sie die Übereinstimmungen und Unterschiede. Nehmen Sie die Erläuterungen zur Übersetzung von 8,11 aus dieser Broschüre hinzu.
- Wie ist die Rettung des jüdischen Volkes in Kap. 8 beschrieben? Könnte das Esterbuch mit Kap. 8 zu Ende sein?

VII. Anregungen für die Bibelarbeit

- Wie hängen die erzählten Geschehnisse von Kap. 8 und Kap. 9,1-19 Ihrem Eindruck nach zusammen?
- Nehmen Sie den Zusatz in Kap. 8 hinzu und vergleichen Sie die Darstellung der Ereignisse in Kap. 8 und 9 nach der hebräischen Fassung (ohne den Zusatz) und der griechischen Fassung (mit Zusatz). Berücksichtigen Sie auch die Information, dass in der griechischen Übersetzung von Kap. 9 der Vers 5 fehlt. Ergibt sich ein unterschiedliches Bild? Welche Tendenzen erkennen Sie?
- Machen Sie sich kundig über die Bräuche, die die Verlesung des Esterbuches am Purimfest begleiten. Können Sie sich vorstellen, dass die Geschichte einen anderen Charakter erhält, wenn man sie z.B. maskiert und mit einer Ratsche ausgestattet hört?

Tipp:
Die Bibelarbeit „Free call in Susa" (vgl. unten **VII.4**) könnte sich eignen, das Diskutierte in spielerischer Form noch einmal umzusetzen.

2. Bibelarbeit:
Kleider machen Leute

Vorbereitung:
→ Die TeilnehmerInnen haben die Ester-Geschichte bereits allein oder in der Gruppe gelesen. Sie wissen auch, dass es zwei unterschiedliche Fassungen der Geschichte gibt. Für die hier vorgeschlagene Einheit sollten sie ihre Bibel mitbringen.
→ Für Schritt 3 werden zwei Arten von Tüchern gebraucht, dunkle, schlichte und farbenfrohe. Sie können in der Mitte des Raumes ausgebreitet liegen; die Stühle für die Teilnehmenden umgeben sie in einer Runde.
→ Für den Abschluss: Früchte und/oder selbstgebackene Hamantaschen (s. Rezept VIII.2!)

Durchführung:
Im Esterbuch spielt Bekleidung und der Wechsel der Bekleidung, spielen Kopfschmuck und andere Insignien wie Zepter und Ring, spielen überhaupt Stoffe und deren vielfältige Verwendung eine überraschend große Rolle. Kleidung/Schmuck/Stoffe zeigen die jeweilige Machtposition an, der Wechsel der Kleidung oder der Übergang von Insignien von einer Figur zur anderen deren veränderte Machtposition. Um ein Gefühl dafür zu gewinnen, können Sie folgendermaßen vorgehen:

VII. Anregungen für die Bibelarbeit

1. Sprechen Sie darüber, was Kleidung mit Ihnen selbst macht: ist es Ihnen wichtig, korrekt bekleidet und/oder geschminkt vor andere zu treten? Verändert sich Ihr Körpergefühl, Ihre Körperhaltung je nach Ihrer Kleidung? Fühlen Sie sich unwohl, wenn Sie sich in einer Situation falsch angezogen fühlen, sei es „overdressed" oder zu wenig chic? Versuchen Sie manchmal, durch andere Kleidung in eine andere Rolle zu schlüpfen? Nutzen Sie Kleidung, um etwas über sich auszudrücken/zu verheimlichen? Glauben Sie, dass passende Kleidung bei Politikerinnen/bei Frauen in öffentlichen Ämtern schon die Hälfte des Erfolges ausmachen? Was verstehen Sie unter „passender Kleidung"? Welche Kleidung ist aus Ihrer Sicht geeignet, um als Frau im Berufsleben erfolgreich zu sein? Sollten sich Frauen im kirchlichen/karitativen Dienst eher „zurückhaltend" kleiden, und wie sähe das aus? Empfänden Sie es als störend, wenn bei einer Beerdigung jemand mit leuchtenden Farben bekleidet auftauchen würde?

2. Wenn Sie viel Zeit mitgebracht haben und als Gesprächsrunde weitermachen möchten, teilen Sie die Kapitel des Esterbuches unter sich auf und sammeln Sie alle Stellen aus dem jeweiligen Kapitel, an denen von prächtiger Kleidung die Rede ist: Wer trägt sie? Wer trägt sie – vielleicht überraschenderweise – nicht? Was könnte das bedeuten? – Verfolgen Sie dann besonders das Motiv der „Krone" im Esterbuch: Wer alles trägt eine Krone oder einen ähnlichen prächtigen Kopfschmuck? Warum muss Ihrer Meinung nach in der Phantasie Hamans das Pferd des Königs, auf dem der Geehrte reiten soll, eine Krone tragen (vgl. 6,8)? Die niederländische feministische Bibelwissenschaftlerin Jopie Siebert-Hommes hat dazu eine spannende Vermutung: sollte sich dahinter womöglich eine Sexualphantasie Hamans verbergen, der „das Pferd des Königs reiten", d.h. seine Frau besitzen will und damit natürlich seinen Machtanspruch dokumentiert? Und hat damit der Vorwurf des Königs, Haman hätte Königin Ester Gewalt angetan (67,9), nicht auf seine Weise etwas Richtiges getroffen?

3. Sie können den eben vorgeschlagenen Schritt auch überschlagen und gleich hier weitermachen: Lesen Sie Kap. 4,1-17 (ohne die Gebete) und Kap. 5,1-2 einmal mit den Zusätzen und einmal ohne sie laut vor. Spüren Sie dann mithilfe der beiden Arten von Tüchern dem Abschnitt der Estergeschichte nach, der zwischen 4,17 und 5,1 liegt: Ester hat das dreitägige Fasten angeordnet, an dem alle Sack und Asche tragen, und wird am dritten Tag in vollem Ornat zum König gehen. Legen Sie sich zuerst die dunklen, schlichten Tücher an, versetzen Sie sich in die Rolle der fastenden Hofdamen um Ester (eine von

Ihnen), sprechen Sie über die Situation (das Todesedikt Hamans, die Unsicherheit Esters, wie der König zu ihr steht etc.), und beginnen Sie dann gemeinsam, Ester für den Gang zum König mithilfe der farbenfrohen bzw. verzierten Tücher zu „verwandeln". Welche Gedanken und Worte kommen Ihnen? Wie wirkt sich diese „Verwandlung" auf die „Ester" unter Ihnen aus? Welche Strategie des Auftretens empfehlen Sie Ester? Die Strategie des hebräischen Textes: Stehenbleiben, die prächtigen Kleider zur Geltung kommen lassen – die Strategie der Septuaginta: einen prunkvollen Einzug inszenieren, dann aber ein- oder zweimal in Ohnmacht fallen – vielleicht eine ganz neue Strategie?

4. Abschließen können Sie mit einem kleinen Imbiss, zur Erinnerung an die Festmähler der Ester und der Waschti (mitgebrachte Früchte; evtl. selbstgebackene Hamantaschen [Rezept **VIII.2**]).

3. Bibelarbeit:
Waschti – ein Vorbild? (Zwei Varianten)

Vorbereitung:
→ Die TeilnehmerInnen haben die Ester-Geschichte bereits allein oder in der Gruppe gelesen.
→ Eine Bibel sollte zur Hand sein, um das erste Kapitel vorlesen zu können.
→ Für den Abschluss evtl. Früchte und/oder Hamantaschen (Rezept **VIII.2**)
→ Für die zweite Variante: Reichlich Zeitungen, Illustrierte etc., evtl. Scheren, auf jeden Fall genügend Klebstoff und mehrere Din-A3-Bögen
→ Diese Bibelarbeit konzentriert sich auf die Figur der Waschti. In der ersten Variante führt die Spur zu ihr über gemeinsames Rollenspiel, in der zweiten Variante über eine Papiercollage.

Durchführung der ersten Variante:
1. Zu Beginn wird das erste Kapitel des Esterbuches vorgelesen.

2. Wählen Sie eine unter Ihnen, die die Rolle Waschtis übernimmt; die anderen sind die Frauen, für die Waschti ihr Festmahl gibt. Spielen Sie eine „Leerstelle" in Kap. 1, nämlich den Moment nach Waschtis Weigerung, als die sieben Eunuchen die Gemächer schon wieder verlassen haben. Was würde Waschti den feiernden Frauen sagen, und was sagen die Frauen ihr? Bestärken die Frauen Waschti in ihrer Weigerung, und mit welchen Worten? Oder kritisieren sie sie, und auch hier: wie? Benutzen Sie evtl. auch das Wissen darum,

VII. Anregungen für die Bibelarbeit

dass schon im Altertum Waschtis Weigerung auf verschiedene Weise gedeutet wurde (vgl. die Ausführungen in **I.3**).

3. Wenn viel Zeit zur Verfügung steht, können nun auch alle Männerrollen aus Kap. 1 unter den Anwesenden verteilt werden (der König – die sieben Eunuchen – die sieben Fürsten – Memuchan als ihr Sprecher – die Schreiber – die Eilboten), und jede/r sagt, wie sie/er aus der Sicht des jeweiligen Mannes/der Männergruppe den erzählten Ablauf wahrnimmt.

4. Machen Sie eine Zwischenrunde, in der jede/r sagt, wie sie/er sich die Waschti vorstellt.

5. Vergleichen Sie Waschti mit Ester: Worin unterscheiden sich die beiden Frauen – worin ähneln sie sich? Wieviel wissen wir aus der Geschichte von Waschti – wie viel von Ester – was alles wissen wir nicht? Halten Sie es für ein gutes Denkangebot, wenn man, wie dies die schweizerische jüdische Feministin Marianne Wallach-Faller vorgeschlagen hat, Waschti und Ester als „zwei Stadien eines feministischen Bewusstseins" ansieht (Ester als die vorsichtigere, auch listigere, über den Weg teilweiser Anpassung zum Ziel kommende, Waschti als die kompromisslosere Kämpferin), zwei Stadien aber, die ein und dieselbe Frau durchlaufen kann oder die manchmal auch nacheinander oder nebeneinander nötig sind?

6. Auch hier können Sie abschließen mit einem kleinen Imbiss, zur Erinnerung an die Festmähler der Ester und der Waschti (mitgebrachte Früchte; evtl. selbstgebackene Hamantaschen).

Durchführung der zweiten Variante:
1. Zu Beginn wird das erste Kapitel des Esterbuches vorgelesen.

2. Die TeilnehmerInnen verteilen sich in Gruppen zu 3-4. Ohne vorheriges Gespräch über den Text schneidet/reißt jede/r aus den mitgebrachten Zeitungen Wörter, Sätze, Bilder heraus, die ihr/ihm zur Figur der Waschti passend erscheinen. Gemeinsam und im Gespräch über die Ausschnitte erstellt die Gruppe daraus eine Collage.

3. Die Collagen werden allen zugänglich hingelegt/aufgehängt, und alle haben Gelegenheit, sie sich anzusehen.

VII. Anregungen für die Bibelarbeit

4. Gespräch über die Collagen: jede/r kann ihre/seine Eindrücke äußern, die jeweiligen Gruppen können ihr Werk erläutern.

5. Evtl. kann zur Abrundung noch einmal das 1. Kapitel vorgelesen werden.

6. Abschluss mit einem Imbiss, wie bei der ersten Variante.

4. Bibelarbeit:
Free call in Susa

Vorbereitung:
➡ Die TeilnehmerInnen haben die Ester-Geschichte bereits allein oder in der Gruppe gelesen.
➡ Eine Bibel sollte zur Hand sein, um evtl. in der Estergeschichte nachschlagen zu können.
➡ Vorzubereiten sind Spielkarten, die als Eintrag ins Telefonbuch gestaltet sind und Figuren des Esterbuches zu einem bestimmten Zeitpunkt der Geschichte betreffen, etwa:
- Hadassa, junge Frau im jüdischen Viertel der Stadt Susa
- Ester, Königin, Königspalast, Frauentrakt
- Waschti, Ex-Königin, in Damaskus im Exil
- Achaschwerosch, König Persiens, Vorzimmer: Memuchan
- Haman, Agagiter, Residenz am Tor des Palastes
- Seresch, Frau Hamans, Residenz am Tor des Palastes
- Mordechai, Jude, Diensttuender am Tor des Palastes
- Gai, Eunuch, Frauentrakt Seitenflügel

Fiktive Spielsituation und Spielidee:
➡ In Susa können sich alle an der Estergeschichte beteiligten Personen per Telefon „grenzenlos" erreichen und miteinander kommunizieren.
➡ Möglich sind etwa: Partnergespräche, Interviews, Konferenzschaltung, Kettenanrufe ...
➡ Man kann sich befragen, Anordnungen treffen/Befehle erteilen, Botschaften formulieren, Erlasse diktieren, sich befragen über Erlebtes/Gehörtes, Solidarität/Loyalität ausdrücken, sich verweigern, Pläne schmieden, sich Rat holen ...

Durchführung:
→ Die Spielleiterin/der Spielleiter stellt die Einträge ins „Telefonbuch" vor und legt die Karten dann verdeckt und gemischt vor sich. Zwei Anwesende, die miteinander telefonieren wollen, ziehen zwei Karten und gestalten den Inhalt des Gesprächs aufgrund der entstandenen Personenkonstellation. Nach einer festgelegten Zeit können weitere Telefonate stattfinden.
→ Möglich ist es auch, alle „Einträge" schon zu Beginn zu verteilen und den Kreis der Einbezogenen langsam zu vergrößern.
→ Dazu können auch weitere historische Personen treten,
• z.B. die Maler, deren Ester-Bilder weiter unten genannt sind,
• oder SchriftstellerInnen, die sich mit dem Ester-Stoff auseinandergesetzt haben (wie die unten vorgestellten Else Lasker-Schüler oder Rainer M. Rilke), oder auch zeitgenössische Personen wie
• Stephanie, katholische Journalistin, Münster/Westf., Domplatz
• Alice, Frauenrechtlerin, Köln
• usw.

5. Gruppenarbeit:
Eine Begegnung mit Ester in Gedichten

Vorbereitung:
Den TeilnehmerInnen sollte die Estergeschichte gut bekannt sein. So kann sie mit einem oder zwei Gedichten ins Gespräch gebracht werden.

→ Die beiden ausgewählten Gedichte von Else Lasker-Schüler und Rainer Maria Rilke sind mitsamt einigen Hinweisen dazu hinten bei den Materialien (**VIII.5**) abgedruckt.
→ Bei einer Gruppenarbeit an den Gedichten sollte jede/r Teilnehmer/In eine Kopie der Texte bzw. des ausgewählten Textes vor sich haben. Jemand, die/der im Lesen etwas geübt ist (Lektor/In!), kann das Gedicht laut vorlesen (das Rilke-Gedicht ist für den Vortrag das schwierigere und sollte vorher „geübt" werden!).
→ Wenn die Besprechung mit einer Bildbetrachtung kombiniert wird, wäre auch für Kopien des Bildes zu sorgen.
→ Außerdem sollte eine Bibel vorhanden sein, um ggf. noch einmal im Esterbuch nachlesen zu können.

VII. Anregungen für die Bibelarbeit

Durchführung:
1. Das Ester-Gedicht von Else Lasker-Schüler wird vorgelesen.

2. Eine erste Gesprächsrunde kreist um die Fragen:
- Welches Bild der Ester entsteht durch dieses Gedicht in meiner Wahrnehmung?
- Welche Motive der biblischen Estergeschichte finde ich verarbeitet, welche fehlen mir?

3. Die Gesprächsleiterin/der Gesprächsleiter bringt Informationen zur Dichterin und Anleitungen zur Gedichtanalyse mit ein. Daraufhin kann eine zweite Gesprächsrunde sich mit den Fragen auseinandersetzen:
- Welche neuen Beobachtungen ergeben sich für mich, wenn die Anregungen aus den „Materialien" hinzugenommen werden?
- Was an der biblischen Estergestalt scheint der Dichterin/dem Dichter wichtig zu sein, was nicht?

➡ Ebenso kann danach (oder auch alternativ) mit dem Ester-Gedicht von Rainer Maria Rilke verfahren werden.
➡ Man kann auch danach das Rilke-Gedicht vorlesen und es mit dem Gedicht von Lasker-Schüler vergleichen.

Die Besprechung des Gedichts/der Gedichte kann mit einer Bildbetrachtung kombiniert werden (vgl. die Vorschläge im folgenden Abschnitt **VII.5** und hinten bei den Materialien; **VIII.6**).

Eine gute Linie ergibt sich z.B., wenn man das Rilke-Gedicht kombiniert mit einem Vergleich der Szene Est 5,1-2 bzw. dem Septuagintazusatz zu diesen Versen („Zusatz D", 5,1a-f.2a-b) und dem Bild von Konrad Witz.

6. Gruppenarbeit:
Ester im Bild

Vorbereitung:
➡ Für jede/n Teilnehmer/in sollte eine gute Kopie des Bildes/der Bilder vorliegen (wenn möglich farbig; bei Schwarzweißkopien sollte ein Farbexemplar herumgegeben werden oder für alle sichtbar im Raum ausgehängt sein/ausliegen (Bilder siehe Umschlagseiten).

➡ Zudem wird eine Bibel zum Nachschlagen der Estergeschichte benötigt. Die Geschichte sollte allerdings schon vorher bekannt sein.

Durchführung:
Für eine Bildbetrachtung wurden Ester-Bilder von Konrad Witz, Filippino Lippi und Arthur Szyk ausgesucht. Hinweise zu den Künstlern, den Bildern und zum „Gespräch" mit den Bildern im Abschnitt zu den Materialien, **VIII.6**.

Vorschlag für eine Beschäftigung mit den Bildern von F. Lippi:

1. Jede/r TeilnehmerIn sollte die beiden Bilder vor sich liegen haben, um sie zunächst in Ruhe betrachten zu können. Wer das vorliegende „Ester-Heft" besitzt, kann es so auseinanderklappen, dass Vorder- und Rückseite nebeneinander liegen.

2. Beschreiben Sie bei beiden Bildern die Linienführungen, die Farbgebung, das Zusammenspiel von Frauenfigur, Gebäude und Landschaft und versuchen Sie, der jeweiligen Gesamtstimmung bzw. -aussage auf die Spur zu kommen.

3. Welche Botschaft vermittelt Ester ihren BetrachterInnen, welche Botschaft Waschti? Welcher Szene des Esterbuches könnte das jeweils entsprechen? Wie ist die biblische Szene im Bild ausgedeutet worden?

4. Welche Botschaft ergibt sich, wenn man die beiden Figuren als Teil einer Hochzeitstruhe versteht (vgl. die Informationen unter **VIII.6**)? Wie wirkt das wiederum auf Sie?

Vorschlag für eine Beschäftigung mit dem Bild von K. Witz:

1. Beschreiben Sie auch bei diesem Bild die Linienführungen, die Farbgebung, das Zusammenspiel der Figuren und versuchen Sie, der jeweiligen Gesamtstimmung bzw. -aussage auf die Spur zu kommen.

2. Welche Botschaft vermittelt Ester ihren BetrachterInnen, welche Botschaft König Ahasver? Welche Szene des Esterbuches könnte dargestellt sein? Mehrere Deutungen sind möglich! Wie wäre, je nach Auffassung, die biblische Szene im Bild umgesetzt worden?

VII. Anregungen für die Bibelarbeit

3. Ziehen Sie die Informationen zum Bild aus den „Materialien" (**VIII.6**) dazu. Welche Botschaften ergeben sich nun für Sie aus der Darstellung?

Vorschlag für eine Beschäftigung mit dem Bild von A. Szyk:

1. Beschreiben Sie auch bei diesem Bild wiederum die Linienführungen, die Farbgebung, dann auch die Stilanleihen, die Sie erkennen, das Zusammenspiel der Figuren, und versuchen Sie, der jeweiligen Gesamtstimmung bzw. -aussage auf die Spur zu kommen.

2. Welche Botschaft vermittelt Ester ihren BetrachterInnen? Welche Szene des Esterbuches könnte dargestellt sein? Wie ist die biblische Szene im Bild ausgedeutet worden?

3. Ziehen Sie die Informationen zum Bild aus den „Materialien" (**VIII.6**) dazu. Welche Botschaften ergeben sich nun für Sie aus der Darstellung?

VIII. Materialien

1. Informationen zu Purim

Das Purimfest findet am **14. bzw. 15. Adar** statt und fällt damit in den Frühling, einen Monat vor das Pesachfest, das jüdische Osterfest. Im Rahmen des christlichen Kalenders fällt es meist in die Fastenzeit, manchmal sogar in die Karwoche. Daraus wurde den jüdischen Gemeinden in christlicher Umgebung in der Vergangenheit immer wieder ein Vorwurf gemacht; Christen sahen in diesem jüdischen Fest mit seiner karnevalistischen Ausgelassenheit eine Provokation während der eigenen religiösen Trauer- und Bußzeit. In der Gegenwart bietet das Zusammenleben unterschiedlicher religiöser Gruppen und ihrer verschiedenen Traditionen eine Chance, Einblicke zu nehmen in das, was Menschen anderer Religionen wichtig ist, und eine Herausforderung, im eigenen Umfeld andere Glaubensweisen gelten zu lassen.

Das Purimfest wird **sowohl im synagogalen Gottesdienst als auch in den Familien und Gemeinden** begangen. Die wichtigsten Festbräuche des Purimfestes sind:

Der Schabbat „Zachor":
Am Sabbat, der dem Purimfest vorangeht, wird aus der Tora der Abschnitt über Amalek (Ex 17,8-16) verlesen und als Ergänzung aus den „Vorderen Propheten" die Geschichte aus 1 Sam 15 über den Krieg zwischen König Saul und dem Amalekiterkönig Agag. Die Erinnerung an Amalek verbindet sich mit Haman, der als Agagiter aus dem Stamm Amalek kam.

Das „Fasten der Ester":
Am Vortag des Purimfestes, am 13. Adar, wird das „Fasten der Ester" als Fasttag begangen, in Anknüpfung an die drei Tage des Fastens, die Ester sich von allen Bewohnern und Bewohnerinnen der Stadt Susa erbeten hatte vor ihrem Gang zum König (Est 4,16 und 9,31).

Der „halbe Schekel":
Am Nachmittag dieses Tages gibt man drei Münzen, die vom Wert her die Hälfte der gängigen Landeswährung ausmachen, zur Erinnerung an die Tempelsteuer, die zur Zeit des 2. Tempels im Adar gezahlt wurde. Sie werden für caritative Zwecke verwendet.

VIII. Materialien

Verlesung der Esterrolle:
Das eigentliche Purimfest am 14. Adar (im Jerusalem am 15. Adar): da der jüdische Tag am Abend beginnt, wird die Esterrolle zum ersten Mal am Abend des 14. Adar während eines synagogalen Gottesdienstes vorgelesen, zum zweiten Mal am nächsten Morgen. Alle, auch Frauen, sind verpflichtet, die Esterrolle zu lesen bzw. zu hören. Die Verlesung des Esterbuches wird von ohrenbetäubendem Lärmen mit Ratschen immer dann begleitet, wenn der Name „Haman" ertönt.

Karneval:
In manchen Gemeinden erscheint man verkleidet und/oder maskiert zum Gottesdienst und veranstaltet einen Purim-Ball. Durch diesen karnevalistischen Rahmen erhält das Esterbuch einen besonderen Klang. Man kann die „karnevalesken" Elemente der Geschichte wahrnehmen: man kann lachen über den so übertrieben sicherheitsbedürftigen König, der sich durch ein Nichtstun seiner Frau ganz außer Fassung bringen lässt (Kap. 1), oder man kann lachen über den Bösewicht Haman, der seinen Erzfeind ehrend durch die Stadt führen muss (Kap. 6).

„Schlach manot":
Während des Tages schickt man, oft durch Kinder, einen Korb zu Freunden mit zwei Arten von Geschenken zum Essen oder Trinken, indem man den Festbrauch aufnimmt, der schon nach dem Esterbuch (9,22) zur Feier des Purimfestes gehörte. Man nennt diesen Brauch „schlach manot" – „Versenden von Gaben".

„Gaben für die Armen":
Neben den Geschenken an Nachbarn und Freunde gibt jeder auch ein Geschenk an zwei Bedürftige, um die Armen in die Festfreude einzuschließen, wie dies schon beim ersten Purimfest der Fall war (Est 9,22).

Purimmahl:
Am Nachmittag hält man ein festliches Essen, bei dem man sich betrinken darf, ja soll, bis man nicht mehr unterscheiden kann zwischen „gesegnet sei Mordechai" und „verflucht sei Haman". Besonders dieser Brauch macht christlichen LeserInnen deutlich, dass Purim kein Fest ist, an dem die „Vergeltung an den Feinden" gefeiert wird, sondern ein Fest, an dem in der ausgelassenen Fröhlichkeit des Tages die Unterscheidungen zwischen Freund und Feind verschwimmen und an dem befreit gelacht werden kann!

2. Ein Rezept für das Purimfest: *Hamantaschen*

Hamantaschen sind ein typisches Gebäck an Purim, kleine, dreieckige süße Plätzchen, deren Form ein wenig an einen napoleonischen Dreispitz erinnert und manchmal damit erklärt wird, dass so Hamans Hut ausgesehen habe. Der Name „Hamantaschen" für dieses Gebäck geht aber wahrscheinlich auf folgende Überlieferung zurück: in der Nacht, als König Achaschwerosch keinen Schlaf finden konnte und sich aus der Chronik vorlesen ließ, fanden auch die Erzväter Abraham, Isaak und Jakob keinen Schlaf, da sie ihr Volk tödlich bedroht sahen. Sie bestürmten Gott, seinem Volk beizustehen. Durch diese Fürbitten der Väter wurde Haman geschwächt, auf hebräisch *„Haman tasch"*. Die drei Spitzen des Gebäcks erinnern an die Fürbitte der Erzväter (denen sicher die Mütter Sara, Rebekka, Rachel und Lea zur Seite standen!), der Name des Gebäcks daran, dass Hamans Mordpläne letztlich ins Leere liefen.

Zutaten:
125g Butter, 125g Zucker, einige Tropfen Vanilleöl, 3 Eigelb, geschlagenes Eiweiß, 250 g Mehl, 1 Teelöffel Backpulver, eine Messerspitze Salz. Als Füllung: Lieblingsmarmelade oder auch eine Mischung aus Datteln, Rosinen, feingehackten oder gemahlenen Nüssen

Zubereitung:
Butter, in Stücke geschnitten, mit dem Zucker verrühren, dann Vanilleöl und Eigelb hinzugeben. Das Mehl portionsweise einarbeiten, bis ein weicher Teig entstanden ist. In Alufolie einwickeln und mehrere Stunden kalt stellen.

Den Backofen auf ca. 180 ° C vorheizen.
Den Teig auf einer bemehlten Unterlage zu einer etwa 2 cm dicken Platte ausrollen. Mit einer Tasse Kreise ausstechen. In die Mitte jeweils einen Teelöffel der Füllung geben, dann den Teig von drei Seiten hochziehen und die Ecken zusammendrücken (ggf. etwas Eiweiß zum Kleben benutzen!), so dass ein Dreieck entsteht und die Füllung in der Mitte noch teilweise sichtbar bleibt; von außen mit Eiweiß bestreichen.

Auf Backpapier ca. 15-20 Min. backen; abkühlen lassen.

VIII. Materialien

3. Theaterstücke zur Estergeschichte

Sigrid Lichtenberger

Im Rahmen der 42. Bibelwoche der Bielefelder evangelischen Gemeinden Bodelschwingh und Dietrich-Bonhoeffer Anfang Januar 2003 wurde von Sigrid Lichtenberger ein Bühnenstück entwickelt und zum Auftakt der Bibelwoche aufgeführt. Es ist abgedruckt im Reader der Bibelwoche, der von Luise Metzler herausgegeben wurde, und zu beziehen über Luise Metzler, Tannenstr. 1, 33729 Bielefeld, oder: luisemetzler@gmx.de. Der Reader enthält neben den vier Ester-Vorträgen von M. Th. Wacker u.a. auch einen ausführlichen, von Luise Metzler zusammengestellten bzw. verfassten Abschnitt zum Purimfest (68-89).

Marion Kempken

In der kath. Pfarrgemeinde St. Marien, Kamp Lintfort, hat Marion Kempken ein Theaterstück zu Ester geschrieben, zu spielen mit Marionettenfiguren. Kontakt über das Pfarrbüro St. Marien, Kamp Lintfort, Tel. 02842-91730 oder direkt zur Autorin: Frau Marion Kempken, Molkereistr. 141, 47475 Kamp Lintfort.

4. Ester-Filme

Die Bibel. Ester

Das Buch Ester ist verfilmt worden in der Reihe der Bibelfilme aus der Kirchgruppe: Die Bibel. Ester. Spielfilm 1998, 90 Minuten, BRD/Italien/USA. Regie: Raffaele Mettes, u.a. mit Louise Lombard (Ester), Thomas Kretschmann (König Xerxes), F. Murray Abraham (Mordechai), Jürgen Prochnow (Haman) und Ornella Muti (Waschti).

Der Film verzichtet auf große Showeffekte und bleibt recht nah am hebräischen Bibeltext, mit einigen Anleihen bei der Septuagintafassung.

Kopienverleih bei kirchlichen und öffentlichen AV-Medienstellen; Kopienverkauf für nichtgewerblichen Einsatz beim Kath. Filmwerk, Postfach 11 11 52, 60046 Frankfurt oder Ludwigstr. 33, 60327 Frankfurt.

Der Programmbereich AV Medien des Kath. Filmwerks hat auch eine kleine Arbeitshilfe zu diesem Film herausgegeben: Die Bibel. Ester, verfasst von Christiane Jörlemann, Kristin Konrad, Stefanie Rieger und Marie-Theres Wacker. Zu beziehen über die o.g. Anschrift.

Das Schwert von Persien
Im Jahr 1960 wurde von Raoul Walsh (Regie und Produktion) in Italien ein Ester-Film gedreht: „Das Schwert von Persien" (Ester e il Re / Ester and the King). Historienfilm/Monumentalfilm; 102 Minuten. U.a. mit Richard Egan (König Xerxes); Joan Collins (Ester); Denis O'Dea (Mardochai); Sergio Fantino (Haman); Daniela Rocca (Waschti).

Der Film stellt die Liebesgeschichte zwischen dem König und dem jüdischen Mädchen in den Mittelpunkt und ist weder an historischer Genauigkeit noch an religiösen Fragen interessiert.

Der Film ist in den USA und Kanada auf Video und DVD erhältlich und kann dort z.B. über amazon.com bestellt werden.

Esther
1985 entstand in Israel der Film mit dem schlichten Titel „Esther", nach einem Drehbuch von Amos Gitai und Stephane Levine; Regie führte Amos Gitai (97 Minuten). Darstellende u.a. Simona Benyamini (Esther); Mohammed Bakri (Mordechai); Zare Vartanian (König Xerxes); Juliano Merr (Haman); Shmuel Wolk (Erzähler) u.v.a. Der hebräische bzw. arabische O-Ton ist von englischen Untertiteln begleitet.

Der Film ist doppelt spannend: zum einen versteht er das biblische Esterbuch als Mahnung gegen Intoleranz und Gewalt, zum anderen bettet er es in den gegenwärtigen Israel-Palästina-Konflikt ein und lässt sowohl israelische als auch palästinensische DarstellerInnen auftreten. Vgl. dazu die ausführliche Besprechung von Reinhold Zwick (s. Literaturverzeichnis, **IX.5**).

Der Film ist in den USA und Kanada auf DVD erhältlich (z.B. über amazon.com)

5. Ester-Gedichte

Die im Literaturverzeichnis aufgeführten Beiträge von I. Schmidt/R. Bendavid-Korsten (unter **IX.4**), von G. Langenhorst und von M. Motté (unter **IX.5**) enthalten Hinweise auf eine ganze Fülle von literarischen Verarbeitungen des Ester-Stoffes.

VIII. Materialien

Zwei Ester-Gedichte wurden daraus ausgewählt. Das Ester-Gedicht von Else Lasker-Schüler (1869-1945) findet sich in ihrer Gedichtsammlung „Hebräische Balladen" (1913), die man insgesamt als Dokument ihrer Auseinandersetzung mit dem Judentum – die Dichterin stammt aus einer Wuppertaler jüdischen Familie – betrachten kann. Das Gedicht von Rainer Maria Rilke (1875-1926) stammt aus seiner Gedichtsammlung „Der neuen Gedichte anderer Teil" (1908), in der es auch um biblische Gestalten geht.

Esther (Else Lasker-Schüler)

Esther ist schlank wie die Feldpalme,
Nach ihren Lippen duften die Weizenhalme
Und die Feiertage, die in Juda fallen.

Nachts ruht ihr Herz auf einem Psalme,
Die Götzen lauschen in den Hallen.

Der König lächelt ihrem Nahen entgegen –
Denn überall blickt Gott auf Esther.

Die jungen Juden dichten Lieder an die Schwester.
Die sie in Säulen ihres Vorraums prägen.

Beobachtungen und Fragen:

- Der Reimstruktur nach sind die erste, dreizeilige, und die nächste zweizeilige Strophe miteinander verbunden (aab/ab) sowie auch die beiden folgenden zweizeiligen Strophen (cd/dc). Was wird dadurch an Inhalten miteinander verbunden?
- Die „Naturbilder" der ersten Strophe sind, wenn man sie im Horizont der ganzen Bibel hört, sehr anspielungsreich: die „Feldpalme", hebräisch *Tamar*, spielt mehrere Frauenfiguren dieses Namens ein und erinnert auch an die Palme, unter der Debora zu Gericht sitzt. Die „Weizenhalme" passen eigentlich weniger zum Purimfest, sondern eher zum sog. Wochenfest (Sukkot), an dem das Buch Rut die synagogale Festlesung ist. Die Weizenernte spielt im Buch Rut eine wichtige Rolle! Insofern klingt über dieses Motiv auch die Figur der Rut mit an.
- Die zweite Strophe drückt Esters Religiosität aus und kontrastiert es mit einem Bild ihrer heidnischen Umwelt („Götzen"), die aber nicht gefährlich,

sondern fast wohlwollend erscheint (was ergibt sich daraus für Else Lasker-Schüler als Jüdin?).
- Die dritte Strophe nimmt alle Dramatik aus der Szene der Begegnung zwischen Ester und dem König und führt dessen Wohlwollen auf das Wirken Gottes zurück.
- Die letzte Strophe deutet das Weiterleben Esters in den Erinnerungen ihres Volkes an (warum sind es junge Männer, die für die „Schwester" dichten?).

Esther (Rainer-Maria Rilke)

Die Dienerinnen kämmten sieben Tage
die Asche ihres Grams und ihrer Plage
Neige und Niederschlag aus ihrem Haar,
und trugen es und sonnten es im Freien
und speisten es mit reinen Spezereien
noch diesen Tag und den: dann aber war

die Zeit gekommen, da sie, ungeboten,
zu keiner Frist, wie eine von den Toten
den drohend offenen Palast betrat,
um gleich, gelegt auf ihre Kammerfrauen,
am Ende ihres Weges Den zu schauen,
an dem man stirbt, wenn man ihm naht.

Es glänzte so, daß sie die Kronrubine
aufflammen fühlte, die sie an sich trug;
Sie füllte sich ganz rasch mit seiner Miene
wie ein Gefäß und war schon voll genug,

und floß schon über von des Königs Macht,
bevor sie noch den dritten Saal durchschritt,
der sie mit seiner Wände Malachit
grün überlief. Sie hatte nicht gedacht,

so langen Gang zu tun mit allen Steinen,
die schwerer wurden von des Königs Scheinen
und kalt von ihrer Angst. Sie ging und ging –

VIII. Materialien

Und als sie endlich, fast von nahe, ihn,
aufruhend auf dem Thron von Turmalin,
sich türmen sah, so wirklich wie ein Ding;

empfing die rechte von den Dienerinnen
die Schwindende und hielt sie zu dem Sitze.
Er rührte sie mit seines Szepters Spitze:
... und sie begriff es ohne Sinn, innen.

Beobachtungen und Fragen:
- Die Strophen werden paarweise kürzer. Die beiden ersten und längsten beschreiben die Phase der Vorbereitung. Sie bilden zusammengenommen einen langen Satz, der die Dauer dieser Phase unterstreicht.
- Die beiden folgenden vierzeiligen Strophen bilden mit den beiden dreizeiligen und den ersten beiden Zeilen der letzten Strophe eine einzige Sinneinheit. Die Sätze übergreifen die Reim- und Strophenstruktur und betonen so den kontinuierlichen Fluss des Geschehens; Ester auf dem Weg wird gleichsam vorwärts geschwemmt.
- Beachten Sie die Motive des Todes in den ersten beiden Strophen – welches Bild ergibt sich daraus für Ester und für den König?
- Die folgenden Strophen beschreiben das Geschehen aus der Perspektive Esters. Achten Sie auf die Kennzeichnung ihres Äußeren im Kontrast zu ihren Gefühlen!
- Welche Assoziationen haben Sie zu den letzten beiden Zeilen?
Was begreift Ester?
Und warum *innen*?
Sehen Sie eine Verbindung zur Kennzeichnung des Königs am Ende der zweiten Strophe?
- Welche Szene des Esterbuches wird hier verarbeitet?
Vergleichen Sie die hebräische und die griechische Fassung mit Rilkes Gedicht.

6. Esterbilder

Allgemein ist es gut, sich bei der Besprechung von Bildern mit biblischen Motiven klarzumachen, dass diese Bilder zwar von biblischen Impulsen angeregt sind, aber meist nicht die Absicht haben, dem Bibeltext gerecht zu werden, sondern auf bestimmte Verwendungszwecke und/oder Vorgaben der AuftraggeberInnen bezogen sind und immer auch von den künstlerischen Möglichkeiten oder Moden ihrer Zeit und von erlernten Techniken und Traditionen abhängen. Am besten ist es deshalb, ein „Vierergespräch" zu führen zwischen dem Bild, den eigenen Wahrnehmungen, dem Bibeltext und dem, was über den Künstler/die Künstlerin und die Entstehung des jeweiligen Bildes bekannt ist.

Ein kurzer Überblick zu Ester-Bildern der Kunstgeschichte ist zusammengestellt bei Marie-Theres Wacker, Ester im Bild, in: Butting/Minnaard/Wacker, Ester (s. Literaturverzeichnis; **IX.5**).

Die Ester-Bilder von Filippino Lippi (siehe Titel und Rückseite)
Auf den Florentiner Maler Filippino Lippi (1458-1504), Schüler seines Vaters, aber auch Botticellis, geht eine Reihe von kleinen Holztafeln zurück, zwei querformatigen und vier fast quadratischen, die man als Ester-Szenen deutet. Sie haben ursprünglich zu möglicherweise zwei Hochzeitstruhen, Aussteuerstücken sicher nicht unvermögender junger Frauen, gehört. Durch diesen „Sitz im Leben" erhält die Ester-Geschichte eine neue Perspektive, wird lesbar als Geschichte einer Frau in einer Ehe, der sie nicht auszuweichen vermag, die eine schwere Last, aber auch eine hohe Ehre bedeuten kann – und in der ihr mit den Figuren der Ester einerseits, der Waschti andererseits zwei divergierende Rollenmodelle begegnen. In diesem Sinne ist es reizvoll, die beiden von ihren Maßen her fast quadratischen Tafeln mit Frauenbildern als Bilder Esters (Titelseite) bzw. Waschtis (Rückseite) zu deuten und sie sich an den Schmalseiten ein und derselben Truhe vorzustellen.

Sicher auch von Filippino Lippi ist eine Darstellung der „Erhöhung Mordechais", die im Format den Darstellungen der „Ester" und der „Waschti" entspricht. Mordechai sitzt mit ausgestreckter Rechte aufrecht auf seinem Pferd, das von Haman am Zügel gehalten wird. Hamans extrem geneigter Kopf zeigt Demütigung und Trauer zugleich an. Hat diese Darstellung zu einer zweiten Hochzeitstruhe mit Estermotivik gehört? Zuweilen zieht man eine weitere Holztafel hinzu, die die einer zusammengekauerten Gestalt vor einem hohen Tor zeigt (in der Kunstgeschichte bekannt als „la derelitta") und deutet sie auf den trauernden Mordechai. Als Verbindungsglied sieht man eine zweite querformatige Tafel an, die wiederum in einer dreigliedrigen Szene die Begegnung Esters mit dem trauernden Mordechai, Esters fürbittenden Gang zum König und das Ende Hamans darstellt. Auch diese Rekonstruktion ist reizvoll, böte sie doch gewissermaßen das männliche Gegenstück zur Ester-Waschti-Truhe.

Mangels einer sicheren Überlieferung zu Herkunft und Zusammengehörigkeit der Tafeln ist keine sichere Aussage möglich. Der Darstellungsstil der „derelitta" spricht allerdings eher dafür, diese Tafel allein Botticelli und nicht Lippi zuzuweisen, und andererseits ähneln sich Farbgebung und Linienführung der Palastbauten auf der Ester-Tafel wie auf der Szene von Mordechais Erhöhung so sehr, dass auch diese beiden Stücke vorstellbar werden als Seitenstücke ein und derselben Truhe, verbunden durch die beiden querformatigen Szenenfolgen. Eine Hochzeitstruhe also, die eine glückliche Braut (Ester) neben einem erfolgreichen und angesehenen Bräutigam (Mordechai) zeigt?

Ester und Ahasverus (Konrad Witz, siehe Umschlag innen, hinten)
Unter den insgesamt sechzehn erhaltenen Bildtafeln des alemannischen Malers Konrad Witz (gestorben vor 1447), die man heute gemeinhin als Teile eines „Heilsspiegelaltars" deutet, einer Zusammenstellung von alttestamentlichen Motiven, die auf das Leben Christi vorausweisen, findet sich auch eine Darstellung Esters vor dem König Achaschwerosch=Ahasverus. Sie steht vor ihm in demjenigen Körperschwung, der einem Kniefall unmittelbar vorangeht. Ihr Oberkörper ist nach vorn gebeugt, ihr Blick gesenkt, ihre Hände sind vor der Brust erhoben, auf dem Kopf trägt sie eine kleine Krone. Der König ist in sitzender Position dargestellt, den Oberkörper aufrecht, den Kopf leicht nach vorn geneigt, mit lächelndem Gesicht. Er streckt mit der Rechten sein Szepter, mit der Linken den Reichsapfel Ester entgegen. Blicke und Körpersprache drücken Interesse an einer Begegnung mit Ester aus, unterstrichen durch die Bewegung des in reichem Faltenwurf herabfallenden ärmellosen Gewandes, dessen brokatverzierter Saum sich in glitzernden Schwüngen über Esters Gewandsaum legt. Sucht man diese Darstellung mit dem biblischen Text in Beziehung zu bringen, so fügt sie sich am besten zu der Szene, da Ester den Gang zur Rettung ihres Volkes unternommen hat, wunderschön anzusehen und in vollem königlichen Ornat, aber, wie die Septuagintaversion des Esterbuches weiß, innerlich voll Furcht. Auf der anderen Seite aber deutet der neben dem Szepter ausgestreckte Reichsapfel auf die Bereitschaft Achaschweroschs zur Herrschaftsübergabe, so dass diese Szene durchaus auch als Einsetzung Esters zur Königin – und damit als Vorbild der Krönung Mariens – gedeutet werden kann. Es bleibt als „Bildüberschuss" die (verhalten) erotische Komponente, im Blick des Königs und im Faltenwurf seines Gewandes.

VIII. Materialien

Esther mit Schreiber (Arthur Szyk; ca. 1950, siehe Umschlag innen, vorne)
Arthur Szyk, amerikanisch-jüdisch-polnischer Künstler, hat das Esterbuch zweimal illustriert, in den 20er und in den 50er Jahren des 20. Jahrhunderts. Beide Male benutzt er jeweils andere Stilelemente, beide Male aber reflektieren seine Bilder eine Auseinandersetzung mit dem Antisemitismus seiner Zeit.

Beobachtungen:
- Die Bildmitte nimmt Ester ein, die auf einem goldenen, edelsteinbesetzten Thron sitzt und damit als Königin dargestellt ist. Ihre Körperhaltung erinnert an den Lotossitz, und auch der Schwung ihrer Hände hat etwas von indischen Göttinnen oder Tänzerinnen
- Auf dem Kopf trägt sie ein zierliches Krönchen, in ihrer rechten Hand aber hält sie ein Zepter, wie es dem biblischen Esterbuch gemäß nur dem König selbst zukommt.
- Links hinter ihr erscheint ein älterer, bärtiger Mann, der nach Kopfschmuck und Kleidung wohl weniger den König Achaschwerosch als vielmehr Mordechai darstellt. Ganz im Hintergrund, nur als Umriss, erkennt man einen Galgen, an dem ein Mensch hängt – aufgrund der biblischen Erzählung identifizierbar als Haman.
- Zu Esters Füßen hockt ein Mann, der in seiner rechten Hand eine Schreibfeder und in seiner Linken ein Blatt hält, über und über besät mit hebräischen Buchstaben. Kein Zweifel, er schreibt nach dem Diktat der Ester.
- Unterhalb des Blattes, als Teil des unteren Bildrahmens, ist eine prächtige Krone erkennbar, die in ein Schriftband ausläuft mit den Worten „Igeret Ester" – „Schreiben der Ester". Damit ist angespielt auf das zweite Purim-Schreiben, das Ester erlässt (Est 9,29).
- Im Bildrahmen begegnen Symbole des Judentums: der sechszackige Davidstern und die sog. Mesusa, die Kapsel an den Türdurchgängen mit Worten der Tora. Auf diese Weise ist Ester, die persische Königin, zugleich von den Traditionen des Judentums umgeben. Auch das Ornament rechts neben ihrem Kopf, das einem Wappen gleicht, enthält mit dem in der Mitte platzierten ersten Buchstaben des hebräischen Alphabets („Aleph") den Hinweis auf Esters jüdische Herkunft und ihre andauernde Verbundenheit mit dem jüdischen Volk.

VIII. Materialien

7. Esters heilige Spiele – Eine Ester-Predigt
gehalten am 12. Januar 2003 in der Matthäuskirche in Bielefeld (Marie-Theres Wacker)

Was ist ein Fest?
Fröhlich sollte es zugehen, am besten mit Musik; gute Stimmung muss sein.
Essen und Trinken soll es geben, und am besten reichlich davon.
Die Fresträume werden farbenfroh geschmückt, für schöne Beleuchtung gesorgt.
Viele Menschen gehören dazu; man zieht sich wohl auch etwas Besonderes an und legt einen Duft auf.
Und Zeit muss man mitbringen – sonst kann keine Atmosphäre aufkommen, weder bei mir noch bei den anderen.

Auch Feste der Religionen brauchen diese Elemente:
viel Zeit, viele Menschen, ein Mahl, eine feierliche Atmosphäre, festliche Gewänder, Licht und Duft – soll doch bei einem solchen Fest die Begegnung mit dem Göttlichen stattfinden. Deshalb kann man die Feste der Religionen betrachten als heiliges Spiel, als Inszenierung einer solchen Begegnung, in der die strikten Grenzen zwischen Gott und Welt, zwischen sakral und profan für die Zeit des Festes aufgehoben sind. Das schafft eine eigene Zeit und einen eigenen Raum – Feste sind so gesehen auch die Unterbrechung des Alltags und des alltäglichen Lebensraumes, sie sind Raum und Zeit des Atemholens, der Erfahrung von einer anderen Welt, die neu gestärkt in den Alltag entlässt.

König Achaschwerosch weiß, wie man Feste feiert. Der mächtigste aller Menschen weiß, was dazu gehört: Wein soll in Strömen fließen, soll für Heiterkeit sorgen.

Alle Heerführer Persiens und die Edlen aus allen Provinzen seines Reiches sollen kommen und Zeit mitbringen, lange Zeit, 180 Tage lang.

Des Königs Fest ist eine Auszeichnung für die Geladenen, schmeichelt der Macht derer, die im Auftrag des Königs an seiner Macht teilhaben. Sie können sich sonnen in der Gegenwart des Machthabers, dessen Glanz auf sie abstrahlt.

Und umgekehrt: Der König lässt seine Gäste den glänzenden, funkelnden Reichtum seiner Macht sehen – Augenschmaus, sinnliches Vergnügen, aber auch unmissverständliches Symbol dessen, dem es gehört. Dieses Fest des Königs ist ein Fest der Machtsicherung, dieses Fest ist ein heiliges Spiel in einem sehr präzisen Sinn: es nutzt die Faszination des Schönen und des Überflusses, um die notwendige Schar derer, die die Macht des Königs aufrecht erhalten, in den eigenen Bann zu schlagen und sich so ihrer Loyalität zu versichern. Nach einem solchen Fest werden sie funktionieren – dessen darf sich der Herrscher sicher sein.

Das gleiche gilt auch für das siebentägige Fest, das der König dem Volk gibt:
Einmal selbst auf den königlichen Liegebetten zu ruhen, einmal aus den kostbaren Bechern des Königs zu trinken, in den kostbaren Stoffen und Farben des Königs zu schwelgen, und das bis zum Abwinken – was geht es uns gut, und das alles verdanken wir unserem König!

Königin Waschti aber stört dieses Arrangement der Macht,
weil sie sich nicht als prächtiges Schaustück vorführen lassen will.
Sie zerstört die Oberfläche der Fröhlichkeit, die nach den Regeln des Monarchen feiert.

Eine Spielverderberin, die das heilige Spiel profaniert und dadurch in seiner Wirkung aufhebt.

Eine, die es sich eigentlich gar nicht leisten kann zu stören, hat sie doch selbst offensichtlich wenig eigene Macht. Aber eine, der es für einen Moment gelingt, Sand ins Getriebe zu werfen und die Brüchigkeit des Systems offen zu legen.

Das alles macht sie so sympathisch, gibt ihr in den Augen vieler Frauen heute Vorbildcharakter.

Sie selbst wird in die Vergessenheit geschickt – aber ihr Tun ist nicht vergessen.
Vielleicht darf man an sich so etwas wie eine Untergrundtradition der Haremsfrauen vorstellen: Habt ihr das mitbekommen – unsere Königin hat es gewagt, SEIN Fest zu stören. Diese ewigen Feste – genau da können wir ihm zeigen, dass er nicht allmächtig ist.

Vielleicht haben einige der Frauen, vielleicht hat auch der Eunuch Gai, ihr Vertrauter, Ester davon erzählt und sie so mit einem Wissen ausgestattet, das sie später einsetzen kann?

VIII. Materialien

Vorerst gibt es ein weiteres Fest, das Fest, an dem Ester gekrönt wird,
eingesetzt wird in die Rolle des menschlichen Schaustücks der Macht des Königs (Est 2,17-18). Er versucht es diesmal mit einer Steigerung des Festes, teilt freigebig Geschenke aus, Steuererleichterungen für sein ganzes Reich. Ein zentrales Symbol seiner Macht funktioniert wieder – das muss gefeiert werden.

Bei diesem Fest für Ester hat sie vorerst keine eigene Stimme – wie sollte sie auch...

Und noch ein Fest
setzt diese Linie des lückenlosen Funktionierens des Imperiums fort:
der König und Haman setzen sich hin, um zu trinken, als das Edikt zur Vernichtung der Juden auf den Weg gebracht ist (Est 3,15). Man feiert die abzusehende Eliminierung des Störenfriedes.

Ein Fest, das unsichtbar macht, das die Schreie derer übertönt, die der Macht geopfert werden. Mir kommt der ehemalige Apostolische Nuntius des Vatikan in Argentinien, Pio Laghi, in den Sinn, der nachmittags Tennis spielen ging mit Repräsentanten der Junta, während nachts die Flieger über sein Haus dröhnten, unliebsame Kritiker des Regimes an Bord, die dann ins offene Meer entsorgt wurden... von ihm ist nicht bekannt, dass er irgendein Fest gestört hätte.

Ester und Mordechai leben in einer Welt, die von solchen Festen bestimmt ist – eine Welt, in der Feste den Ton der Macht angeben.

Und Ester ist nun anstelle Waschtis. Was wird sie tun?
Sie spielt das Spiel der Feste mit, aber sie bestimmt nun selbst die Regeln. Ihr Auftritt vor dem König schon (Est 5,1-2) hat erreicht, dass er von ihr fasziniert ist, dass er sich von ihrem Spiel – ihrer prächtigen Kleidung und selbstbewussten Gestik – hat in Bann schlagen lassen. Die Rollen sind vertauscht – er ist dabei, Macht zu verlieren, noch ohne es zu merken.

Jetzt aber kann Ester auch die Tradition der Waschti weiterführen:
Bei ihrem Fest entlarvt sie Haman, stört das so perfekt aussehende Arrangement zwischen dem König und ihm, stört den Anschein, als sei er der beste Ratgeber des Königs.

Das ist ein Moment der Demütigung für ihn, den Allherrscher – noch einmal steht die Situation für Ester auf des Messers Schneide. Dass sie schließlich gewinnt, verdankt sie sicher nicht zuletzt ihrer List, dieses Spiel der Feste, der Pracht und der Gaumenfreuden, der Ehrbezeugungen und doppeldeutigen Gesten mitzuspielen, selbst zu inszenieren.

Aber dadurch hat sie auch diese Feste entlarvt als das, was sie sind.

Es sind heilige Spiele, die das Heilige, die Faszination und den Schrecken des Göttlichen, verzwecken, in Dienst nehmen für die absolutistische Macht des Königs.

Wenn ein Fest nichts anderes ist, und das gilt auch für die Feste der Religionen, dann hält es uns gefangen wie die geblendeten Untertanen und Diener des Königs, die mitspielen in diesen Spielen der Macht. Vielleicht bin ich als Katholikin da noch einmal besonders sensibel: die heiligen Spiele, die zu den hohen christlichen Feiertagen aus dem Petersdom in die ganze Welt ausgestrahlt werden, gehen sicher in diesem Verdacht nicht auf, aber haben doch zu viel von dieser Verzweckung für ein System, das auch sich selbst damit feiert.

Das Purimfest, das Fest des jüdischen Volkes,
von dem am Ende des Esterbuches erzählt wird, geht in einem solchen Verdacht definitiv nicht auf.

Auf den ersten Blick ist es einfach wieder ein Fest, wieder ein Trinkgelage, ein Fest der eigenen, neu gewonnenen Macht.

Aber es ist, erstens, kein verordnetes Fest von oben, sondern es beginnt, so wird im achten Kapitel erzählt (Est 8,16f), „an der Basis", als Fest „von unten", als spontaner Ausbruch und Ausdruck der Erleichterung, die die jüdische Bevölkerung empfindet, als das Gegenedikt bekannt wird.

Dieser Anfang des Festes ist ein Aufatmen, *ein Hineinversetztwerden in eine neue Situation der Hoffnung.*

Zweitens ist es ein Fest, an dem man untereinander Geschenke austauscht (Est 9,19) – nicht als Gunsterweis von oben, sondern als Geste der Zusammengehörigkeit auf gleicher Ebene, als Geste der Verbundenheit und des Austauschs der Freude miteinander.

Ja, man könnte auch sagen: durch diesen Austausch der Geschenke gibt man sich untereinander die Ehre, erkennt sich gegenseitig an und stärkt einander.

Drittens – die Armen. Die Armen sind im Esterbuch durchgehend unsichtbar. Man kann den Eindruck gewinnen, dass es in dieser Glitzerwelt des Hofes und der Stadt Susa gar keine Armen gibt.

Natürlich gibt es sie in dieser Bühnenwelt nicht, solange man im Licht der Scheinwerfer bleibt. Aber geht man hinaus aus dem Palast, geht man in die Seitenstraßen der Hauptstadt, geht man weiter hinaus aufs Land, dann wird man sie treffen.

Dem König, der in seinem Palast auf seinem Thron sitzt, werden sie nicht begegnen. Aber denen, die überall im Land verstreut leben, dem jüdischen Volk, können die Armen nicht verborgen bleiben.

Und das Esterbuch lässt sie nicht in der Unsichtbarkeit: als zum dritten Mal vom Fest des jüdischen Volkes die Rede ist, im Brief des Mordechai, sind

die Armen im Blick (Est 9,22):
auch ihnen soll man Geschenke senden.

Während bei den Geschenken untereinander aber an Gegenseitigkeit gedacht ist, heißt es bei den Armen nur: „und Geschenke an die Armen". Man soll kein Gegengeschenk erwarten, so könnten wir das verstehen – geben nicht um des Zurückerhaltens willen, sondern um der Gerechtigkeit willen.

Aber ist das dann nicht doch wieder eine Geste, die die Zusammengehörigkeit auf gleicher Ebene stört, die die Armen in der Rolle der AlmosenempfängerInnen belässt, ohne ihnen die Chance zu geben, ihre Würde zu wahren? Im Talmudtraktat Megilla zum Esterbuch, so scheint mir, wird genau das gesehen und diskutiert.

In einem Abschnitt, in dem es darum geht, wie das Senden von Gaben zu verstehen sei (bMeg 7b), wird die Geschichte des jüdisch-babylonischen Gelehrten Rabba erzählt, der zwar als Oberhaupt seiner Gelehrtenschule einen angesehenen Posten hat, dadurch aber eben nicht mehr Geld besitzt, sondern nach wie vor in ärmlichen Verhältnissen lebt. Er lässt durch seinen Diener dem Kollegen Mari bar Mar eine Purimgabe überbringen, und zwar einen Beutel Datteln und eine Tasse voll Getreide, also ein ärmliches, aber in der Zweiheit der Gaben korrektes Purimgeschenk. Rabba befürchtet und sagt dies auch seinem Diener, dass Meister Mari bar Mar das satirisch kommentieren werde: auch als Gelehrter kommt Rabba nicht aus seinen Bauernschuhen, bleibt ein geiziger Tölpel. Der Diener kehrt zurück mit einem Korb voll Ingwer und einer Tasse voll langen Pfeffers. Daran ist bemerkenswert, dass die Gefäße fast die gleichen sind wie die, die der arme Gelehrte geschickt hatte, aber dass sie nun gefüllt sind mit zwei sehr teuren, kostbaren Gewürzen. Der Diener kann zudem den Kommentar des reichen Kollegen mitbringen, der ausrichten lässt: du hast mir Scharfes geschickt, und ich schicke Dir Süßes. Der reiche Mari bar Mar hat in sehr witziger und einfühlsamer Weise das arme Geschenk seines Kollegen umgedeutet zu seinem Spiel mit Süß und Scharf.

Das Purimfest als Fest aller, das Purimfest als Fest der Gegenseitigkeit und das Purimfest als Fest, das spielerisch allen, auch und gerade denen, die wir als Arme ansehen würden, ihre Würde lässt – das sind drei wichtige Komponenten, die dieses Fest von den machtförmigen Festen des Hofes unterscheidet.

Königin Ester bringt dazu noch ein viertes Moment ein, etwas, das sie an ihrem Körper erfahren und vollzogen hat und das sie einschreiben will in dieses Fest ihres Volkes: sie besteht in ihrem zweiten Purimedikt (9,31) darauf:

Auch das Fasten und Klagen muss Teil des Festes werden.
Bis heute wird deshalb dem Purimfest ein Tag vorgeschaltet, der das „Fasten der Ester" heißt.

Zu diesem Fest gehört unablösbar auch das Erinnern der Not und Bedrohung, ohne Erinnerung an die Bedrohung kann auch dieses Fest umkippen in ein Fest der Macht, nur mit vertauschten Rollen, der Macht jetzt des jüdischen Volkes.
Das hat Ester verstanden, das will sie für alle Generationen in diesem Fest verankern.

In diesem Fest muss es zumindest eine Phase geben, in der Essen und Trinken, Farben, Düfte und schöne Kleider fehlen, eine Phase gleichsam des Anti-Festes, die die Geschlossenheit aufbricht.

Auch Ester streut hier, wie Waschti, Sand ins Getriebe.

Die Erinnerung an die Not, vollzogen im Ritus des Fastens, hält wach, dass dieses Fest eines der Rettung ist, des geschenkten Aufatmens, nicht des Machtgewinns um der Macht willen.

So gesehen ist dieses Fest eines, das Modellcharakter auch für unsere christlichen Feste gewinnen könnte:

ein Fest, das den Kreislauf der Macht unterbricht und das zum heiligen Spiel werden kann, zu einer wirklichen Begegnung mit Gott.

IX. Literaturverzeichnis

1. Übersetzungen des Esterbuches

- Der hebräische Text des Esterbuches ist übersetzt z.b. in der Zürcher-Bibel oder der Luther-Bibel (die katholischen Bibelausgaben, wie Einheitsübersetzung oder Jerusalemer Bibel, bieten einen „Mischtext" aus hebräischem „Grundtext" und griechischen Erweiterungen)
- Der LXX-Text des Buches Ester ist neben dem hebräischen Esterbuch übersetzt in: Die Gute Nachricht-Bibel
- Auch die „Bibel in gerechter Sprache", die 2006 im Gütersloher Verlagshaus erscheinen wird, wird beide Esterbücher, das hebräische und das griechische, enthalten.
- Eine deutsche Übersetzung der Ester-LXX sowie auch des zweiten griechischen Ester-Textes, des sog. A-Textes, entsteht im Zusammenhang des Projektes der Deutschen Bibelgesellschaft, die gesamte griechische Bibel ins Deutsche zu übersetzen. Voraussichtliches Erscheinungsdatum 2006. Übersetzerinnen des Esterbuches: Kristin De Troyer und Marie-Theres Wacker

2. Kurzkommentare zum Esterbuch

- Wacker, Marie-Theres, Das Buch Ester, in: Erich Zenger (Hrsg.), Stuttgarter Altes Testament. Stuttgart 2004, 861-882 (Kurzkommentar zum „katholischen" Esterbuch)
- Butting, Klara/Minnaard, Gerard/Wacker, Marie-Theres (Hrsg.), Ester. Die Bibel erzählt, Wittingen 2005 (Kommentar zum hebräischen Esterbuch; Besprechung der Veränderungen in der Septuaginta; Blicke auf das Esterbuch aus jüdischer und muslimischer Sicht; Ester bei Philosophen und KünstlerInnen u.a.)
- Ester, Zeitschrift „Bibel Heute" Nr. 167, 3/2006 (erscheint im August)

3. Das Esterbuch – jüdisch, christlich, feministisch gelesen

- Arzt, Silvia, Frauenwiderstand macht Mädchen Mut. Die geschlechtsspezifische Rezeption einer biblischen Erzählung, Innsbruck/Wien 1999 (zur Waschti-Geschichte)
- Butting, Klara, Das Buch Esther. Vom Widerstand gegen Antisemitismus und Sexismus, in: Schottroff, Luise/Wacker, Marie-Theres (Hrsg.), Kompendium feministische Bibelauslegung, Gütersloh 1998, 169-179

- Klapheck, Elisa, Ester und Amalek, in: Katharina von Kellenbach u.a. (Hrsg.), Von Gott reden im Land der Täter. Darmstadt 2003, 242-255 (eine jüdische Annäherung)
- Schmidt, Ingrid/Bendavid-Korsten, Rachel, Esther – jüdisch und christlich erinnert, in: Lohrbächer, Albrecht u.a. (Hrsg.), Schoa. Schweigen ist unmöglich. Erinnern, Lernen, Gedenken, Stuttgart 1999, 147-170
- Siebert-Hommes, Jopie, „On the third day Esther put on her queen's robes" (Esther 5:1). The Symbolic Function of Clothing in the Book of Esther, in lectio difficilior 1 (2002); zu lesen unter: www.lectio.unibe.ch (archive)
- Stöhr, Martin/Navè Levinson, Pnina, Das Buch Esther. Esther bei Juden und Christen, in: Schmidt, Eva-Renate u.a. (Hrsg.), Feministisch gelesen Bd. 1, Stuttgart 1988, 100-111
- Wacker, Marie-Theres, Mit Tora und Todesmut dem einen Gott anhangen. Zum Esther-Bild der Septuaginta, in: Rainer Kessler/Beate Wehn (Hrsg.), Dem Tod nicht glauben. FS Luise Schottroff, Gütersloh 2004, 312-332
- Wacker, Marie-Theres, Tödliche Gewalt des Judenhasses – mit tödlicher Gewalt gegen Judenhass? Hermeneutische Überlegungen zu Est 9, in: Hossfeld, Frank-Lothar u.a. (Hrsg.), Das Manna fällt auch heute noch (FS Erich Zenger), Freiburg 2004, 609-63
- Wallach-Faller, Marianne, Waschti und Esther. Zwei Königinnen – zwei Stadien feministischen Bewusstseins, in: dies., Die Frau im Tallit. Judentum feministisch gelesen. Hrsg. v. Doris Brodbeck und Yvonne Domhardt, Zürich 2000, 173-176 (eine jüdische Annäherung)
- Zenger, Erich, Das Buch Ester, in: ders. u.a., Einleitung in das Alte Testament, Stuttgart ⁵2004, 302-311

4. Das Esterbuch in Literatur, Kunst und Film

- Haag, Herbert u.a., Große Frauen der Bibel, Freiburg 1993; zu Ester: 220-233
- Langenhorst, Georg, „Überall blickt Gott auf Esther". Literarische Deutungen der biblischen Figur in unserer Zeit, in: Kirche und Israel 9 (1994) 150-167
- Motté, Magda, „Esthers Tränen, Judiths Tapferkeit". Biblische Frauen in der Literatur des 20. Jahrhunderts. Darmstadt 2003; zu Ester: 183-207
- Wacker, Marie-Theres, Ester im Bild, in: Butting, Klara/Minnaard, Gerard/ Wacker, Marie-Theres (Hrsg.), Ester. Die Bibel erzählt, Wittingen 2005
- Zwick, Reinhold, Mit „Esther" für Versöhnung streiten. Zu Amos Gitais filmischer Aktualisierung der biblischen Erzählung, in: Biblical Interpretation 14/1-2 (2006)

Textnachweise

Else Lasker-Schüler, Esther, aus: Else Lasker-Schüler, Gedichte 1902 - 1943.
© Suhrkamp Verlag Frankfurt am Main 1996

Rainer-Maria Rilke, Esther, aus: Ders. Werke. Kommentierte Ausgabe in vier
Bänden. © Insel Verlag Frankfurt am Main 2003

Bekannte und unbekannt

- Einführung in den biblischen Text
- Hintergründe entdecken, sich faszinieren lassen
- mit verschiedenen Methoden und Vorschlägen für Bibelarbeiten

ermäßigt ab 5 Exemplare

Susanne Ruschmann
Maria von Magdala

Jüngerin, Apostolin, Glaubensvorbild
ISBN 3-932203-70-4
56 S., geh., € 4,– (ab 5 Ex. € 3,–)
Alle vier Evangelien berichten von dieser Frau, die Jesus folgte, dem Auferstandenen begegnete und von ihm mit der Verkündigung beauftragt wurde.

Susanne Ruschmann
Marta und Maria

Gegensätze, Vorbilder, Jüngerinnen
ISBN 3-932203-88-7
56 S., geh., € 4,– (ab 5 Ex. € 3,–)
Neben dem Besuch Jesu bei den beiden Schwestern kommen weitere, unbekannte biblische Texte in den Blick.

Ulrike Bechmann
Die Sklavin des Naaman

Kriegsgefangene, Prophetin, Friedensfrau
ISBN 3-932203-86-0
64 S., geh., € 4,50 (ab 5 Ex. € 3,50)
„Die prophetische Sklavin" könnte die Erzählung um die Heilung des Naaman auch heißen.

Ulrike Bechmann
Die Töchter Zelofhads

Fordernde, Erbinnen, Vertrauende
ISBN 3-932203-69-0
68 S., geh., € 4,50 (ab 5 Ex. € 3,50)
Ein eher unbekannter Text von mutigen Frauen, die um ihr Erbe kämpfen.

rauen der Bibel

Bettina Eltrop/Anneliese Hecht
„Nur weil wir Frauen sind? Weil wir Frauen sind!"

Mutiges Eintreten von biblischen Frauen für ihre Belange
ISBN 3-932203-73-9
52 S., geh., € 4,– (ab 5 Ex. € 3,–)
Biblische Frauenerfahrungen – positive wie negative, ermutigende und entmutigende, befreiende und niederdrückende – fruchtbar gemacht – nicht nur für die Bibelarbeit.

Ulrike Bechmann
Abigail

Prophetin, Weise Frau, Politikerin
ISBN 3-932203-78-X
64 S., geh., € 4,50 (ab 5 Ex. € 3,50)
Die spannende Geschichte der Abigail: ihr Mut und ihre Klugheit, aber auch ihr Umgehen mit (männlicher) Gewalt und ihr entschiedener Einsatz für Versöhnung.

*Projektgruppe Lydiafest
Hedwig Lamberty-Zielinski,
Petra Lütjen*
Lydia

Geschäftsfrau, Gastgeberin, Gemeindeleiterin
ISBN 3-932203-91-7
104 S., br., € 6,90 (ab 5 Ex. € 6,–)
Nicht nur die Purpurhändlerin Lydia ist wichtig für die Urkirche. Einladungen und Ideen für ein Lydiafest.

Weitere Titel in Vorbereitung

 Katholisches Bibelwerk e.V.

Silberburgstraße 121
70176 Stuttgart
Tel. 07 11/6 19 20 50
Fax 07 11/6 19 20 77
E-Mail: bibelinfo@bibelwerk.de

Bibel heute

Ester

- Eine gott-lose Schrift?
- Geschlechterverhältnisse im Buch Ester
- Das jüdische Purim-Fest

„Glaub ja nicht, weil du im Königspalast lebst, könntest du dich als Einzige retten."
(Ester 4,13)

Bestellen Sie Ihr **Ester-Heft** (3/2006) bei:

Katholisches Bibelwerk e.V.
Silberburgstraße 121, 70176 Stuttgart
Tel. 0711/6 19 20 50, Fax 0711/6 19 20 77, bibelinfo@bibelwerk.de